AF107112

www.ingramcontent.com/pod-product-compliance
Lightning Source LLC
LaVergne TN
LVHW010621070526
838199LV00063BA/5225

9789358729481

تبصرے تاثرات جائزے
(تبصرے)

مرتبہ:

ادارۂ ادبیاتِ اردو

© Taemeer Publications LLC

Tabsre Taassuraat Jaize *(Reviews)*
Edited by: Idara-e-Adabiyat-e-Urdu
Edition: November '2023
Publisher :
Taemeer Publications LLC (Michigan, USA / Hyderabad, India)

ISBN 978-93-5872-948-1

9 789358 729481

مصنف یاناشر کی پیشگی اجازت کے بغیر اس کتاب کا کوئی بھی حصہ کسی بھی شکل میں بشمول ویب سائٹ پر اَپ لوڈنگ کے لیے استعمال نہ کیا جائے۔ نیز اس کتاب پر کسی بھی قسم کے تنازع کو نمٹانے کا اختیار صرف حیدرآباد (تلنگانہ) کی عدلیہ کو ہوگا۔

© تعمیر پبلی کیشنز

کتاب	:	**تبصرے تاثرات جائزے**
مرتب	:	**ادارۂ ادبیاتِ اردو**
صنف	:	تبصرہ و تجزیہ
ناشر	:	تعمیر پبلی کیشنز (حیدرآباد، انڈیا)
سالِ اشاعت	:	۲۰۲۳ء
صفحات	:	۵۲
سرورق ڈیزائن	:	تعمیر ویب ڈیزائن

فہرست

(۱)	خالدہ حسین کا ناول: کاغذی گھاٹ	محمد حمید شاہد	6
(۲)	انتخابِ کلامِ جمیل مظہری پر ایک نظر	ابو ظہیر ربانی	10
(۳)	رسالہ نیا دور کا مجتبیٰ حسین نمبر	بی بی رضا خاتون	14
(۴)	ہمزاد سے راست مکالمہ کرنے والا مجموعہ: خوابگینے	معین الدین عثمانی	19
(۵)	جوگندر پال کی افسانہ نگاری: ابو ظہیر ربانی کی کتاب	جاں نثار معین	22
(٦)	گلبدن بیگم کی تصنیف ہمایوں نامہ کا تجزیاتی مطالعہ	الطاف حسین	24
(۷)	داراشکوہ: قاضی عبد الستار کی تاریخی ناول نگاری	نفیسہ خالد	28
(۸)	آدھ گھنٹے کا خدا: کی روشنی میں کرشن چندر کی افسانہ نگاری	توصیف مجید لون	36
(۹)	وہ ایک کہانی: ایک مطالعہ	احمد رشید	40

محمد حمید شاہد

خالدہ حسین کا ناول: کاغذی گھاٹ

خالدہ حسین کا ناول ''کاغذی گھاٹ'' پڑھتے ہوئے مجھے رہ رہ کر وہ تقریب یاد آرہی تھی جو ایک معروف مصور کی نجی گیلری میں ہوئی تھی۔

جب میں اس تقریب میں پہنچا تھا تو باہر کی کسی یونیورسٹی میں خالدہ کی افسانہ نگاری پر مقالہ لکھنے والی خاتون، عورت کے پورے وجود کی بات کر رہی تھی ایسا وجود جس کے کندھوں پر سر بھی تھا۔ یہ تقریب ایک ویمن ایکٹی وسٹ ادیبہ نے منعقد کرائی تھی اور اس بات کا خاص اہتمام کیا تھا کہ اس میں ادیب کم اور قدر رکھا و والی سوسائٹی کے باذوق اور ادب سے محبت سے کہیں زیادہ سرپرستی کا رشتہ ظاہر کرنے والے مرد وزن کثرت سے شرکت فرمائیں۔ مجھے تو وہاں از راہ عنایت بلا لیا گیا تھا، مگر میرے ساتھ سانحہ یہ ہوا کہ میں خالدہ کے افسانوں میں پورے طرح موجود مکمل عورت کے اس بھرپور تذکرے کے ابتدائی جملے ہی سن پایا تھا کہ میری توجہ اچٹ گئی۔ میں مسلسل دیواروں پر آویزاں ان فن پاروں کو دیکھ رہا تھا جن میں عورت کا بدن اپنی دلکش گولائیوں، ڈھلوانوں، ابھاروں اور قوسوں کے ساتھ موجود تھا مگر کسی بھی تصویر میں عورت کے بدن پر لباس اور کندھوں پر سر نہیں تھا۔

صاحب، آپ مجھ پر پھبتی کس سکتے ہیں کہ ہونہ ہو یہ ننگا پن میرے اندر ہے تبھی تو ان شاہ پاروں میں مجھے عورت ننگی نظر آئی ورنہ مصور نے تو اپنے فن کا کمال دکھایا تھا صرف چند لکیروں میں عورت کا پورا حسن دکھا دیا..... پھر لکیریں ننگی کہاں ہوتی ہیں..... اور ایک سر ہی تو نہیں تھا۔ ایک سر، لگ بھگ ہر تصویر میں اضافی ہو گیا تھا، جہاں سر ہونا چاہیے تھے وہاں سے کینوس ختم ہو گیا تھا۔

خالدہ حسین کا ناول ''کاغذی گھاٹ'' وہاں سے شروع ہوتا ہے جہاں سے کینوس ختم ہو گیا تھا، جہاں کہیں سے فکری غذا پانے والی ترقی پسندی ختم ہو جاتی ہے، جہاں لایعنی جدیدیت بھی ختم ہو جاتی ہے۔

ممکن ہے تصویر والی عورت کی بات ادھوری رہ گئی ہو۔ ممکن کیا، ایسا ہو چکا ہے، جہاں میری بات میں عورت کے وجود سے وابستہ لذت کو داخل ہونا چاہیے تھا وہاں قوسوں کمانوں سے میں برگشتہ ہو گیا ہوں..... اتنا برگشتہ کہ اپنی اس حرکت پر میں تو باقاعدہ جھینپنے لگا ہوں۔

میرے اندر کئی بار پڑھے ہوئے یہ جملے گونج رہے ہیں کہ کرہ ارض پر سب سے حسین عورت کا بدن ہوتا ہے وجودِ زن سے ہے تصویر کائنات میں رنگ، رنگ بولتے ہیں، رنگ گونجتے ہیں، رنگ اچھلتے ہیں، رنگ اچھالتے ہیں۔ رنگ ہماری تصویروں کو جاذب نظر بناتے ہیں اور ہماری تحریروں میں لذت بھر دیتے ہیں۔

میں رنگ رس اچھالتے جملوں کی گونج سنتا ہوں اور ادبدا کر خالدہ حسین کے ''کاغذی گھاٹ'' کی طرف متوجہ ہو جاتا ہوں جہاں عورت ہے لذت نہیں ہے۔ اس کا خوبصورت بدن ہے مگر اس کا سر بھی سلامت ہے۔ لیکن ٹھہریئے صاحب شاہد میں اپنی بات درست طور پر شروع نہیں کر پایا اور مجھے خدشہ ہونے لگا ہے کہ اب تک آپ یہ گمان باندھ بیٹھے ہوں گے کہ عورتوں کے بارے میں یہ ایک عورت کا لکھا ہوا ناول ہے۔ مجھے عین آغاز میں بتا دینا چاہیے کہ یہ خیال ہی گمراہ کن ہے۔

جی ہاں میں ایسا کہہ رہا ہوں..... اس کے باوجود کہ اس میں کئی عورتیں ہیں۔ عورتیں کم اور عورت گھاٹ اترنے والی لڑکیاں زیادہ۔

اس میں مونا ہے جس کے وسیلے سے ہم اس کہانی کے باطن میں جھانک سکتے ہیں۔ کہانیاں لکھنے والی، بہت سوچنے والی

اور بہت ہی زیادہ کڑھنے والی موٹا، جسے آخر کار ایک تکلیف دہ مستقبل کے سامنے جا کھڑا ہونا ہے۔ ایسے مستقبل کے سامنے جہاں اس کے تخلیقی وجود کو سمجھنے والا کوئی حسن حوصلہ دینے نہیں آئے گا۔

اس میں عائشہ ہے، گول گورے چہرے، سنہری آنکھوں اور سنہری بالوں والی۔ جو ناول کے آغاز میں کسی ہوئی چٹیا میں پرانده ڈالے داخل ہوتی ہے، بھرے بھرے سرخ ہونٹوں سے کتارا کھاتے ہوئے، اور پھر انتہائی کوشش سے وہ مقام حاصل کر لیتی ہے جس کی کم و بیش ہر لڑکی کو تمنا ہوتی ہے۔ پھولوں ایسی تر و تازہ لڑکی کے اس دل خوش کن انجام پر ناول نہیں رکتا اور حسیب کا وہ تکلیف دہ روپ دکھاتا ہے جس سے مرد ذات سے نفرت پڑھنے والوں پر لازم ٹھہرتی ہے۔

اس میں آپا نور ہے۔ یہ بھی گوری چٹی ہے، اس کے بال بھی سنہری ہیں۔ دھان پان ہی لڑکی، نہر میں مچھلی کی طرح تیرنے والی..... بڑے مزے سے کپڑوں سمیت نہر پار کرنے والی۔ آپا نور جو اپنے بے پناہ حسن کے وجہ سے بے شمار حماقتیں کرتی ہے۔ اس ناول میں روشنی بن کر طلوع ہوتی ہے، یوں کہ متن جگمگانے لگتا ہے مگر جلد ہی پہلے سے کنبہ رکھنے والے مختار کے ساتھ شٹل کاک برقعے میں رخصت ہو جاتی ہے۔ رخصت کہاں ہوتی ہے، ناول کے آخر میں وہ انجام دکھانے آتی ہے جس سے ناول نگار نے اسے دو چار کرنا تھا۔ اب کی بار خوب صورت آپا نور، خوب صورت نہیں رہتی، اس کا چہرہ سانولا اور مرجھایا ہوا ہے، کھچڑی بال برقعے سے باہر جھانک رہے ہیں۔ دانت چھدرے ہو گئے ہیں اور پیٹ پھولا ہوا ہے۔ لیجئے ایک مرتبہ پھر مرد پر تھوکنے کا موقع نکل آیا ہے۔

اس ناول میں کراچی سے پنجاب یونیورسٹی کے طلبا کے لیے چوڑیوں کا تحفہ لانے والی لڑکی شاہجہاں بھی ہے، یہ بھی گوری چٹی ہے، آنکھوں میں بھر بھر کاجل، شعلہ بیان مقرر، بولتے بولتے جس کی ناک پر پسینے کے قطرے جھلملانے لگتے تھے، جس نے بے حد چست قمیض پہن رکھی تھی، ایسی کہ اس میں سے اس کا صحت مند جسم باہر چھلکتا پڑتا تھا اور جس کی قمیض میں عین سینے پر ایک جانب کھونچ لگی ہوئی تھی۔ مردانہ وار آگے بڑھنے اور مردانہ نام رکھنے والی بھرے جسم والی شاہجہاں بعد میں سندھ کے جتوئی خاندان میں بیاہ کر لیتی ہے اور ناول میں آخری باریوں آتی ہے کہ اس کی قمیض پر کوئی کھونچ نہیں ہوتی۔ اس نے بہت کچھ پا لیا ہوتا ہے مگر اس کے باوجود باتوں ہی باتوں میں اس کے سینے کے اندر سے ایسا کھونچ ڈھونڈ نکالتی ہے جس نے اسے دبلا اور دکھی کر رکھا ہوتا ہے۔

اس ناول میں خوب صورت افروز بھی ہے جس کے طفیل پورے متن میں زندگی کی لہر دوڑ جاتی ہے۔ سائنس پڑھنے وال اور عالمی ادب گھول کر پی جانے والی افروز، یہ بہت کچھ کرنے کا حوصلہ رکھتی ہے ساحر اور اختر الایمان کی نظمیں پڑھنے والی انقلابی اور سر بلند لڑکی۔ آخر میں جمال کے ساتھ بھاگ کر اپنی قسمت کا فیصلہ خود کرتی ہے اور مقدور بھر دکھ دیتی اور دکھ پاتی ہے۔

اب تک آپ اندازہ فرما ہی چکے ہوں گے کہ خالدہ حسین کے ناول میں لڑکیاں اور عورتیں آتی ہیں اور انجام کار اپنے حصے کا دکھ سمیٹ لیتی ہیں۔ اتنی ساری لڑکیوں اور عورتوں کے باوجود، مجھے پھر کہہ لینے دیجئے کہ یہ ناول عورتوں کے بارے میں نہیں ہے۔ یہ ہماری تاریخ کا نوحہ ہے۔ یہ ہماری تہذیبی ورثے سے جڑنے اور اس کے اندر موجود جبر کے کھانچوں کی کہانی ہے۔ یہ روایت کا قصہ ہے اور نا روا روایات پر حرف نفرین بھی۔ اس میں ان طبقوں کے مکروہ چہروں پر تھوکا گیا ہے جنھوں نے ہمیں تباہی کے دہانے پر لا کھڑا کیا ہے اور اس اندرونی سامراج کی کلف لگی وردی بھی اتاری گئی ہے جو ہر بار اپنے ہی عوام کو اپنے بوٹوں تلے کچلتا ہے۔ اس میں موجود نظام کی خرابیاں اور ان کے محرکات بتائے گئے ہیں اور یہ بھی صاف صاف بتا دیا گیا ہے کہ ہم اوروں کے اشاروں پر ناچ کر اپنا آپ اجاڑ رہے ہیں۔ آخر میں تو ناول صرف بتاتا ہے

نفرین بھیجتا ہے، کوستا ہے، جھلاتا ہے اور تازیانے رسید کرتا ہے۔

خالدہ حسین کی ایک پہچان اس کا اسلوب بھی ہے۔

ساٹھ کی دہائی کے جدت پسندوں میں خالدہ حسین ہی وہ واحد افسانہ نگار ہے جو باقاعدگی سے اور تخلیقی جواز کے ساتھ افسانے لکھ رہی ہے۔ وہ اپنے ہی تجربے سے منحرف ہو کر کہانی کہانی پکارنے والوں میں نہیں اور افسانے کی حد تک اپنے اسلوب سے وابستگی پر مطمئن اور مسرور بھی ہے۔ جو فیشن زدگی سے بچ کر اپنے تخلیقی تجربے کے ساتھ جڑا رہا ہو اس کے ہاں ایسے اطمینان کا آجانا یقینی ہو جایا کرتا ہے۔ خالدہ حسین نے اپنے افسانوں میں خود کلامی کے وسیلے سے خوب کام لیا ہے۔ یہ خود کلامی کہیں تو سٹریم آف کانشیس نیس اور کہیں مونولاگ کی صورت میں ظہور کرتی رہی ہے۔

وہ جانے پہچانے منظرنامے میں عجیب کا قرینہ رکھ کر ایک دھند سے تجسس ابھارتی ہے اور اسی تجسس سے کئی سوال اٹھاتی ہے۔ اس اس کے ہاں تجرید اور علامت کا نظام اسی دھند کی دین ہے۔ تاہم ہم دیکھتے ہیں کہ اپنے افسانوں میں وہ متن کو آگے بڑھاتے ہوئے خود آگے نہیں لپکتی جہاں ہوتی ہے وہی رہتی ہے، لہٰذا متن اس کا اپنا ذاتی جذبہ بن کر جذباتیت کا شکار نہیں ہوتا۔ یہ ایسا طرز عمل ہے جس سے پیچیدہ سے پیچیدہ بات وہ سہولت اور سفاکی سے کہہ جاتی ہے۔

مگر یہ افسانے کی بات ہے سایہ، شہر پناہ، سواری اور ہزار پایہ کی بات ہے۔ پرندہ، پہچان اور مصروف عورت کی بات۔ زیر نظر ناول میں ایسا نہیں ہوتا ہے۔ آپ کہہ سکتے ہیں ایسا ضروری بھی نہیں کہ افسانے میں ایک خاص اسلوب سے وابستہ رہنے والی اسی اسلوب میں ناول بھی لکھیں۔ مجھے آپ کی بات سے دو سو فی صد اتفاق ہے۔ مگر کاغذی گھاٹ کو پڑھتے ہوئے آغاز میں کیا ایسا نہیں لگتا جیسے تخلیق کار کو اپنے اسلوب سے الگ ہوتے ہوئے بہت جتن کرنے پڑ رہے ہیں۔ ممکن ہے میں نے ہی ایسا محسوس کیا ہو اور فی الاصل ایسا نہ ہو مگر میرے اس احساس کی بنیاد کہانی میں در آنے والی اور اکتا دینے والی سست روی ہے یہاں تک کہ کئی صفحے پڑھنے کے بعد مجھے یہ وسوسا ہولائے دیتا تھا کہ کہانی آگے نہیں بڑھے گی، یہیں گھمن گھیریاں کھاتی رہے گی۔ کہانی میں ایک سے بڑھ کر ایک حسن اور زرخیز کردار آتا تھا اور وہیں ادھر ادھر ہو جاتا تھا، اسی حصے میں شہر اور سرخ اینٹوں والی گلیاں آتی تھیں اونچے چوبارے آتے تھے لکڑی کے چھجوں والے تاریک صحنچیاں آئی تھیں۔ کھڑکیاں آتی تھیں جن پر باریک رنگین تیلیوں کی چقیں پڑی ہوئی تھیں۔ کتنا بھرپور منظر ہے مگر کہانی وہیں رکی ہوئی تھی اور مڑ مڑ کر پیچھے دیکھ رہی تھی۔ میں صاف دیکھ سکتا تھا کہ وہاں چھوٹے چھوٹے کمرے تھے، جو اس لیے کشادہ نظر آتے تھے کہ ان میں سامان ٹھسا ہوا نہیں تھا اور لوہے کے پینٹ کیے ہوئے صندوق تھے، اوپر تلے پڑے ہوئے۔ وہیں ایک کونے میں چھوٹی بڑی دیگچیوں کے مینار تھے۔ دیوار پر کھونٹیوں کی لمبی قطار تھی، بڑے ابا کا کچہری کا کوٹ، دھوبی کی دھلی ہوئی اور کلف لگی ہوئی شلوار، بڑی اماں کا شٹل کاک برقعہ اور بہت کچھ، جو ایک تہذیب کا نقشہ ابھارتا تھا اور ایسا ماحول بناتا تھا کہ آنکھوں کے سامنے ایک جہان آباد کر دیتا تھا مگر کہانی تھی کہ ادھر ہی گھومے جاتی تھی اور اس رفتار سے آگے نہیں بڑھتی تھی جس کی میں توقع کیے بیٹھا تھا۔ پہلے کسی کردار کا وجود سنوارا جاتا اور پھر اسے ماحول میں لا بسایا جاتا وہ خود ماحول کے اندر کہانی کے بہاو میں اپنی شبہات کا سلسلہ مکمل نہیں کرتا تھا کرداروں کے اوصاف خود بخود نہیں کھل رہے تھے انھیں ناول نگار کو کھولنا پڑ رہا تھا۔ بلا شبہ جزئیات میں تحریر کی یہ اکائیاں بہت خوب صورت اور دلکش تھیں مگر اس کے سبب وہ دھند کا پیدا نہیں ہو رہا تھا جو خالدہ کے ہاں افسانوں میں آ کر اسرار بھر دیا کرتا تھا ایسا اسرار کہ جو اپنے پاس ٹھہرا لیتا تھا۔

تاہم وہ خدشہ جس نے عین آغاز میں مجھے پچھاڑ دیا تھا بہت جلد، یہی کوئی دوسرے باب کے بعد مکمل طور پر رفع ہو جاتا ہے اور کہانی بہت سے کرداروں سے ملاقات کے بعد آگے بڑھنا شروع کر دیتی ہے۔ ناول کا یہی وہ حصہ ہے جہاں صاف صاف محسوس ہونے لگتا ہے کہ خالدہ حسین نے اپنے اسلوب کی بجائے

کہانی کے بیانیے سے وفاداری کا فیصلہ کر لیا ہے اور اسے فطری بہاو پر ڈالنے کے لیے سارے رخنے اٹھا لیے ہیں۔ اس کا نتیجہ بہت خوشگوار نکلتا ہے اور کہانی قدم قدم پر دکھ درد کی فصل کر بونے لگتی ہے وہ دکھ درد جو اندر ہی اندر بہتا اور محسوسات کی سطح پر بہت کچھ سمجھانے لگتا ہے یہاں پہنچ کر بیانیے کا ایک آہنگ قایم ہو جاتا ہے، جس کے سبب متن اور واقعات ایک ہی اسراع سے آگے بڑھتے ہیں۔ بیانیے کے اس خارجی بہاو کی وجہ سے ناول کے اس حصے میں خود بخود ایک باطنی نظام قایم ہو جاتا ہے اور سارا کچھ جو ناول نگار نے لکھتے ہوئے محسوس کیا یا جس تخلیقی تجربے کی تحریک پر یہ متن مکمل ہو رہا تھا، ہمارے دل پر بھی اُترنے لگتا ہے۔

کہانی کے اس وسطی حصے میں بھی Monologue ہے اور کہیں کہیں Stream of Consciousness کی تکنیک کو برتا گیا ہے۔ تاہم عمومی طور پر بات مکالموں میں کہی گئی ہے تاہم یہ سارے حربے متن کا تحرک مجروح نہیں کرتے۔ کہیں بھی محسوس نہیں ہوتا کہ ٹھہر ٹھہر کر ہمیں کچھ بتانے اور سمجھانے کی کوشش کی جا رہی ہے حتی کہ ناول اپنے آخری حصے میں داخل ہو جاتا ہے..... وہاں، جہاں اس کے کرداروں کو ان کے مقدر کے گھاٹ اتارا جانا ہے۔ اس مقدر کے گھاٹ، جو ناول نگار کے دست قدرت میں ہے۔

کہانی کے تمام خوب صورت نسوانی کردار لگ بھگ ایک سے انجام سے دوچار ہونے کے باوصف کھلتے نہیں ایک شدید احساس کے بالمقابل لا کھڑا کرتے ہیں یہ احساس ہے جو جگر چیر ڈالتا ہے۔ سچ پوچھیں تو وہ ناول جو کرداروں سے پیوستہ بیانیے کے ذریعے لکھا جا رہا تھا یہاں پہنچ کر مکمل ہو جاتا ہے۔ مگر وہ موضوع، جسے خالدہ نے اپنے خاص تہذیبی رچاو، تاریخی شعور، ثقافتی پس منظر اور اپنے ادراک سے متشکل ہونے والے پیش منظر سے جڑ کے ابھارنا تھا، جو بوجوہ کرداروں سے کٹ کر کہانی کے بہاو سے باہر رہ گیا تھا اسے پوری طرح متوجہ کر چکا تھا۔ خالدہ نے ناول کے آخر میں اسے بیان کرنے کے لیے ڈرامے کی اس تکنیک کا سہارا لیا ہے جس میں تنہا کلامی کے ذریعے ان باتوں کو کہلوایا جاتا ہے جو دوسرے کرداروں سے تو نہیں کہی جا سکتی مگر جن کی تظہیر ڈراما دیکھنے والوں پر ضروری ہوتی ہے۔ اس تکنیک کے ذریعہ جسے غالبا سولی لوکی Soliloquy کہتے ہیں، ناول کی مرکزی کردار مونا، ہمارے اندر مردہ ہو چکے آدمی کو جھنجھوڑ، جھنجھوڑ کر جگاتی ہے۔ ہمارے بے حیا وجودوں پر کوڑے برساتی ہے۔ یہیں ہمیں وہ بتاتی ہے کہ ہم خوبصورت قوم ہوتے ہوئے بھی کتنے کریہہ ہیں۔ یہاں راوی انفرادی اور اجتماعی سطح پر پسپائی ہی پسپائی لکھتا ہے...... مونا بتاتی ہے کہ جب کسی قوم کی فتح بس اسی پر منحصر ہو کر وہ نوے ہزار شکست خوردہ سپاہ واپس لے آئے اور جو ٦ ستمبر تو منائے مگر ٢١ دسمبر منانا بھول جائے۔ ان جہازوں کو تو نمائش میں رکھے جنھوں نے ایک ہی پھیرے میں دشمن کے پانچ پانچ جہازوں کو مار گرایا تھا اور ان جہازوں اور بیلی کا پٹروں کو اپنی ڈھٹائی کی باکل میں چھپالے جو ہتھیار ڈالنے والوں کے بھائی بندا پنوں کو غیروں کی طرح کچل کر ادھر سے بھر بھر کر لائے تھے تو ایسی قوم کا مقدر پسپائی ہی پسپائی ہوتا ہے۔ اف خدایا ناول میں اتنا بے پناہ کڑوا سچ کس قدر ٹھونس ٹھونس کر بھر دیا گیا ہے یہ ایسا سچ ہے جو فکشن کا بیانیہ سید ھے سبھاو اپنے اندر سمو لینے کی سکت نہیں رکھتا تاہم خالدہ نے اسے ناول کے بیانیے کا حصہ بنا دیا ہے۔ کہانی کی اس Treatment سے اختلاف کیا جا سکتا ہے مگر بیان ہونے والا سچ ہمیں پچھاڑنے کی پوری صلاحیت رکھتا ہے۔

میں خود کو خالدہ حسین کی دانش اور فکر سے یہاں پوری طرح ہم آہنگ پاتا ہوں، اتنا ہم آہنگ کہ اس کے جذبے اور دکھ میرے اپنے سینے کی دھڑکن بن جاتے ہیں۔ اور آخر میں مجھے کہہ لینے دیجیے کہ وہ جو فکشن کو سماج کی تخلیقی دستاویز نہیں مانتے جو ادبی متون سے عصریت، دانش اور فکر کو منہا کر کے اسے سرکٹی برہنہ عورت والے فن پارے جیسا لذیذ بنانے کو ہی تخلیقی سرگرمی سمجھتے ہیں ان کے لیے اس ناول میں بہت کچھ ہے اتنا کچھ کہ مردہ متون کی شرح پیدائش میں خاطر خواہ کمی لائی جا سکتی ہے۔

ابوظہیر ربانی

'انتخابِ کلامِ جمیل مظہری' پر ایک نظر

جمیل مظہری اردو شعر و ادب کا ایک اہم اور معتبر نام ہے۔

'انتخابِ کلامِ جمیل مظہری' کے نام سے کوثر مظہری نے 312 صفحات پر مشتمل ایک جامع انتخاب کیا ہے، جو ساہتیہ اکادمی، دہلی سے شائع ہوا ہے۔ ڈاکٹر کوثر مظہری کے علمی اور ادبی کارناموں میں تنقید بھی ہے، شاعری اور فکشن بھی۔ لیکن میں سمجھتا ہوں کہ تنقیدی نگارشات میں بالخصوص شاعری کے حوالے سے ان کی شناخت زیادہ مستحکم ہے۔ کسی شاعر کے کلام کا انتخاب کرنا کوئی آسان کام نہیں۔ انتخاب کرتے وقت مرتب کا اپنا نقطۂ نظر تو کارفرما ہوتا ہی ہے، قارئین کے زمرے اور طبقے کو بھی پیش نظر رکھنا ہوتا ہے۔ اس بات کا بھی خیال رکھنا ہوتا ہے کہ شاعر کی شاعری کا ہر پہلو منتخب کلام میں نمایاں ہوجائے۔ زیر بحث کتاب کی روشنی میں یہ بات کہی جاسکتی ہے کہ کوثر مظہری ان نکات پر پورے اترتے ہیں۔ اس کتاب میں کوثر مظہری کا 64 صفحات پر مشتمل ایک جامع مقدمہ بھی شامل ہے جس میں انھوں نے رنگِ حیات کے علاوہ نظم نگاری، غزل گوئی، مرثیہ نگاری اور مثنوی نگاری کے عنوانات کے تحت جمیل مظہری کی شاعری اور ان کی فکری جہتوں کا جائزہ پوری توجہ اور ارتکاز کے ساتھ پیش کیا ہے۔ یہ مقدمہ جمیل مظہری کی شاعری کی افہام وتفہیم کے لیے ایک بلیغ سیاق فراہم کرتا ہے۔ ساہتیہ اکادمی بھی مبارکباد کی مستحق ہے کہ اس نے ایک نمائندہ اور اہم شاعر کا انتخاب شائع کیا ہے۔

جمیل مظہری بیسویں صدی کے ایک ایسے شاعر کی حیثیت سے ہمارے سامنے آتے ہیں جن کی شعری تخلیقات میں گہرے افکار کے ساتھ لطافت اور احساسِ جمال بھی ہے۔ ان کی شاعری میں تلاش ذات کے لیے باطن کے سفر اور اسرار و رموز تک رسائی حاصل کرنے کی سعیِ پیہم نظر آتی ہے۔ جمیل مظہری ایک حساس دل و دماغ کے مالک تھے۔ اپنے ذہن وعلم کو وسعت دینے کے لیے انھوں نے دنیا کے کلاسیکی ادب کے شہ پاروں کا مطالعہ تو کیا ہی ساتھ ہی ملک وقوم، سیاسی وسماجی حالات کا مطالعہ اور مشاہدہ کرنا بھی اپنا قومی فریضہ سمجھا۔ وہ شاعری کو واردات قلبی گردانتے ہیں اور پروازِ تخیل بھی:

شاعری نام ہے پروازِ تخیل کا جمیل
اس سے منکر تو مری سعیِ پشیماں بھی نہیں

جمیل مظہری نے یوں تو غزل، مثنوی، قصائد، مرثیہ، رباعی، قطعہ جیسے اصناف میں کامیاب طبع آزمائی کی لیکن ان کا واضح تخلیقی میلان نظم ہی کی طرف رہا۔ انھیں نظم گوئی پر قدرت حاصل تھی۔ انھوں نے زندگی کی اساس انھیں نظریات پر رکھی جن میں حرکت وعمل ہو۔ یہاں جمیل مظہری علامہ اقبال سے جاملتے ہیں۔ نظم 'پیام' کا ایک شعر ملاحظہ ہو:

جز سعی دوام اور کیا ہے
شاعر کا پیام اور کیا ہے

یہ سب ہونے کے باوجود کبھی کبھی جمیل مظہری کی فکری کاوش ہمیں مایوسی کا شکار بنا دیتی ہے۔ ہم متاثر ضرور ہوتے ہیں لیکن کسی فلسفۂ حیات کا نشان نہیں مل پاتا۔ کوثر مظہری نے جمیل کی شاعری میں اس صورت حال کا سبب ان کا تشکیکی مزاج بتایا ہے جس کے پیچھے ان کی نجی زندگی اور علی الخصوص محبت میں ناکامی کا بھی اہم رول رہا ہے:

مظہری دیکھی نہ جس نے چشم لطف
مظہری جو پیار کا بھوکا رہا
ایک گلشن تھا نہ سونگھے جس نے پھول

اک دریا تھا جو خود پیاسا رہا

جمیل مظہری کی متعدد ایسی نظمیں ہیں جن میں عقل پرستی بھی ہے اور جنون کی پاسداری بھی۔ کہیں الحاد کا رنگ ہے تو کہیں شدید فکری تذبذب کا احساس۔ کوثر مظہری نے نظموں کی مختلف جہتوں کو تجزیے کی روشنی میں پرکھنے کی کوشش کی ہے۔ انھوں نے کئی اہم موضوعات کے ذیل میں نمائندہ نظموں کے ٹکڑے بطور مثال کے پیش کیے ہیں۔

اس انتخاب میں تقدیر جہاں، مریض محبت، سکوت وحجاب اور مسافر ایسی نظمیں ہیں جن میں جمیل مظہری کے خیالات کے درمیان ایک کشمکش کی سی کیفیت پائی جاتی ہے لیکن اگر ہم انتخاب میں شامل نظم 'شاعر کی تمنا' کا مطالعہ کرتے ہیں تو معاملہ بالکل برعکس نظر آتا ہے۔ بقول کوثر مظہری ''ایسا محسوس ہوتا ہے جیسے ایک شاعر کی تمنا انسانی زندگی کا واضح مقصد بن کر مجسم ہوگئی ہے۔'' (ص20)

علامہ جمیل مظہری کی شاعری میں صرف حیات انسانی کی کشمکش اور پیچیدگی کا ہی ذکر نہیں بلکہ حسن وعشق کے حوالے سے بھی باتیں کہی گئی ہیں۔ ان کی بعض نظموں میں اولیت رومانی فکر کو حاصل ہے جس میں رعنائی اور رنگینی بھی نظر آتی ہے۔ لیکن وہ دیگر شاعروں کی طرح محبت میں ناکامی کی صورت میں زندگی بھر آنسو نہیں بہاتے پھرتے بلکہ مردانہ وار حقائق حیات کا مقابلہ کرتے ہیں۔ جمیل مظہری کا عشق مصنوعی نہیں۔ ان کی رومانی شاعری ارضیت سے ہم آہنگ ہے۔ اس لیے جمیل مظہری کا عشق انسانی زندگی کے حقیقی کردار کا عشق کہلانے کا مستحق ہے۔ عشقیہ شاعری میں حقیقت کے مناظر کی کثرت ہے۔ عشقیہ نظموں میں ان کے ذاتی تجربے کی عکاسی بھی ملتی ہے۔ ایسی نظموں میں اسے بھول جا بھلا دے، یہ کیا ہوا تم کو، ڈرو خدا سے ڈرو، سلام ماضی وغیرہ اہم ہیں۔ کوثر مظہری لکھتے ہیں:

> ''جمیل کا عشق افلاطونی یا پرتصنع نہیں بلکہ انسانی زندگی کے حقیقی کردار کا عشق ہے۔ ان کا دل ایک چوٹ کھایا ہوا دل ہے... جمیل کی محبوب Urban نہیں ہے۔ وہ ایک معمولی سی گھریلو لڑکی ہے۔ جمیل نے اپنی نظم ڈرو خدا سے ڈرو میں محبوبہ کے باطن میں اتر کر اس کے لطیف احساسات کو جھنجھوڑے کی کوشش کی ہے۔'' (ص:30-29)

زیر نظر انتخاب میں جمیل مظہری کی سیاسی، سماجی، وطنی، قومی اور تہذیبی نظمیں بھی شامل ہیں جن کے مطالعے سے انسانی رواداری، انسانی اقدار، اخوت ومحبت، جیسے جذبات کی نشاندہی ہوتی ہے۔ ایسی نظموں میں بھارت ماتا، مزدور کی بانسری سے، دعوتِ عزم، صدائے جرس، یوم آزادی ہیں۔ بعض نظمیں مثلاً نوائے جرس، غریبوں کی عید وغیرہ ترقی پسند تحریک سے قبل کی ہیں۔ یعنی یہ کہ ترقی پسند تحریک سے پہلے بھی اس نوع کی شاعری ہو رہی تھی۔

علامہ اقبال کی نظمیں 'شکوہ' اور 'جواب شکوہ' سے متاثر ہو کر لکھی جانے والی نظموں میں جمیل مظہری کی 'فریاد' اور 'جواب فریاد' اہم ہیں۔ یہ دونوں نظمیں توجہ طلب ہیں۔ کوثر مظہری نے ان نظموں کو اس انتخاب میں شامل کیا ہے۔

جمیل مظہری کی تخلیقات کے بالاستیعاب مطالعے سے پتہ چلتا ہے کہ ان کا تخلیقی میلان تو نظم ہی کی طرف ہے لیکن بحیثیت غزل گو بھی ان کی انفرادیت مستحکم ہے۔ فکر یا اسلوب ہر اعتبار سے جمیل مظہری غالب اور اقبال سے متاثر نظر آتے ہیں۔ انھوں نے خود بھی غالب اور اقبال سے اثر قبول کرنے کا اعتراف کیا ہے۔ جمیل مظہری کی غزلوں خصوصاً فکرِ جمیل میں شامل کلام

سے صاف ظاہر ہوتا ہے کہ وہ اپنی غزلوں کو فکر و فلسفہ جیسی چیز سمجھتے ہیں، لیکن پھر بھی اپنی غزلوں کے بارے میں انھوں نے مایوسی کا اظہار کیا ہے جس کا ذکر اس کتاب کے مقدمہ میں شامل ہے۔ نظموں سے قطع نظر غزل کے منفرد اشعار میں مربوط فکر و فلسفے کا رنگ مربوط نظر نہیں آتا:

جمیل رنگ بدل کر لکھ ایک اور غزل
کہ اضطرابِ دلِ بیقرار باقی ہے

جمیل مظہری کی اکثر غزلیں اقبال کی غزلوں کے پیرائے میں کہی گئی ہیں۔ کوثر مظہری نے بھی لکھا ہے کہ جمیل مظہری پر فکر و اسلوب کے لحاظ سے اقبال کا بہت اثر رہا ہے۔ انھوں نے اقبال کے لفظ خودی اور بے خودی کو بہت استعمال کیا ہے لیکن ان کے یہاں خودی کا کوئی تصور ابھر کر سامنے نہیں آتا بلکہ بعض اشعار اقبال کے اشعار کی ضد میں بھی ہیں جو فکر اقبال کی مخالف سمت میں چلنے کا نتیجہ معلوم ہوتے ہیں۔ عقل و عشق کے معاملے میں بھی جمیل مظہری علامہ اقبال سے الگ نظریہ رکھتے ہیں۔

جمیل مظہری کی غزلوں میں ایسے بہت سے اشعار ملتے ہیں جو ان کی غزلوں کا بہترین انتخاب کہے جاسکتے ہیں۔ ان میں نکھرے اسلوب اور تراشیدہ انداز بھی ملتے ہیں۔ غزلوں میں روایت شناسی کے اثرات پائے جاتے ہیں مگر ان کی معنوی فضا یکسر بدلی ہوئی ہے۔ غزلوں میں گرچہ فکر اور فلسفے کی گہرائی ہے مگر انھیں ایک فلسفی شاعر کہنا مناسب نہیں ہوگا۔ کوثر مظہری نے موضوع کے لحاظ سے نظم اور غزل میں خط امتیاز قائم کیا ہے۔ لکھتے ہیں:

> ''چوں کہ ان کی زندگی میں تشنگی اور افسردگی کا ایک بڑا پر معنی حوالہ رہا ہے جس کے سبب تشکیک نے بھی جنم لیا اور ان کے اندر ایک طرح کا مضطرب دل دھڑکنے لگا۔ گوشت پوست کی جس محبوبہ کا چہرہ ان کی نظموں میں کھلے طور پر نظر آتا ہے، وہ چہرہ ان کی غزلوں میں دکھائی نہیں دیتا۔ ان کی غزلوں میں ان کے فطری ارتعاشات اور ٹھوس زندگی کی شیرینی کے بجائے غالب رجحان کے طور پر تلخیٔ حیات نظر آتی ہے۔'' (ص52)

یوں تو جمیل مظہری نے متعدد مرثیے، قصیدے اور رباعیاں بھی لکھی ہیں لیکن زیر نظر انتخاب میں صرف دو مرثیے 'مضراب شہادت' (حضرت امام حسینؓ کے حوالے سے) اور 'شام غریباں' (حضرت زینبؓ کے حوالے سے) شامل ہیں۔ مرثیے کی شرائط کو جمیل مظہری نے کامیابی کے ساتھ نبھایا ہے۔ قصیدوں میں صرف ایک قصیدہ طلوع سحر (در مدح سرور کائنات) شامل ہے۔ جو رباعیاں انتخاب میں شامل ہیں ان میں فکری کشمکش موجود ہے۔ جمیل کی رباعیاں فنی اعتبار سے پختہ ہیں۔ جمیل کے مراثی کے حوالے سے کوثر مظہری لکھتے ہیں:

> ''مراثی میں آکر ان کا تمام تر فکری انتشار مربوط و منظم کیسے ہوجاتا ہے۔ کیا یہ شہدائے کربلا کی محض برکتیں ہیں یا اس میں ان کا ذاتی عمل دخل بھی ہے۔ ایک ایسی بانسری کی آواز ہے جس کی لے میں نشتریت اور موسیقیت مل کر معجز بیانی کی فضا قائم کررہی ہے۔'' (ص55)

جمیل مظہری کے تخلیقی سرمائے میں طنزیہ اور ہجویہ نظمیں بھی اہمیت کی حامل ہیں۔ یوں تو اس نوع کی متعدد نظمیں ہیں لیکن انتخاب میں شامل ان کی دو نظمیں 'شہر آشوب صحافت' اور 'اے مولوی مکھن' بہت ہی دلچسپ ہیں۔ 'شہر آشوب صحافت' میں طوائف اور صحافیوں کے رشتے کو ہدف ملامت بنایا گیا ہے۔

جمیل مظہری نے شاعری کے مختلف اصناف میں طبع آزمائی کی اور بیش قیمت خزانے اردو ادب کے حوالے کیے تاہم اگر کہیں تشنگی کا احساس ہوتا ہے اور اس تشنگی کی تکمیل کہیں ہوتی ہے تو وہ ان کی مثنوی 'آب وسراب' ہے۔اس مثنوی میں ہمیں نظریۂ حیات کا ایک مربوط تسلسل دیکھنے کو ملتا ہے۔کوثر مظہری اس مثنوی کے حوالے سے رقم طراز ہیں:

> ''جمیل مظہری نے اپنی مثنوی 'آب وسراب' میں پوری زندگی اور تخلیقی تجربے کے نچوڑ کو پیش کرنے کی کوشش کی ہے۔ دنیا میں انسان کے آنے کا مقصد اور اس مقصد سے منحرف ہونے کے اسباب وعلل، اس دنیا سے انسان کے رشتے، مذاہب اور انسان کے درمیان پرفریب اور پرتصنع رشتے، خدا اور انسان کے درمیان تعلق اور انسانی خواہشات اور اس کے امکانی تصورات کو اس مثنوی میں پیش کیا گیا ہے۔''
>
> (ص64,65)

اس بات میں شک نہیں کہ جمیل مظہری کی شاعری فکر وخیال میں ڈوبی ہوئی ہے جو اپنی الگ شناخت قائم کرتی ہے۔ یہ ہمیں حق شناسی کا درس دیتی ہے، نظریۂ حیات کی ترجمانی کرتی ہے اور ہمیں کچھ کرنے کا حوصلہ عطا کرتی ہے۔جمیل مظہری فلسفی شاعر نہیں تھے لیکن مزاج ضرور فلسفیانہ تھا۔

زیر نظر انتخاب کے جامع مقدمہ میں جمیل مظہری کی شاعری کے مختلف پہلوؤں کا نہایت ہی دقت نظری کے ساتھ جائزہ پیش کیا گیا ہے۔ کوثر مظہری نے نقادوں کے مختلف نظریات کی روشنی میں حقیقت تک پہنچنے کی کوشش کی ہے۔ بقول کوثر مظہری:

> ''جو لوگ جمیل مظہری کے متشکک ذہن کو موردِ الزام ٹھہراتے ہیں انھیں معلوم ہونا چاہیے کہ وہ شعوری طور پر ایسے نہیں تھے۔ وہ خیر میں شر اور شر میں خیر کے متلاشی رہا کرتے تھے۔''
>
> (ص72)

مجھے امید ہے کہ زیرنظر انتخاب کے مطالعے سے جمیل مظہری کی فکر اور ان کی شاعری کے مخصوص اور مختلف روشن پہلو کے نقوش پڑھنے والوں کے ذہن میں ازسرنو مرتسم ہوں گے اور ان کی شاعری پر مزید مباحث کے در کھلیں گے۔

ooo

بی بی رضا خاتون

رسالہ نیا دور کا مجتبیٰ حسین نمبر

ہنسنے ہنسانے کو ایک مقدس فریضہ قرار دینے والے ہر دل عزیز طنز و مزاح نگار مجتبیٰ حسین کو دنیائے ادب نے مختلف انعامات و اعزازات سے نوازا ہے۔ اس کڑی میں تازہ ترین اضافہ اردو اکیڈمی دہلی کا بہ وقار بہادر شاہ ظفر ایوارڈ اور محکمۂ اطلاعات و رابطۂ عامہ اُتر پردیش لکھنؤ سے شائع ہونے والا رسالہ نیا دور کا مجتبیٰ حسین نمبر ہے۔ مدیر رسالہ نیا دور سہیل وحید نے ادارے میں مجتبیٰ حسین کی شخصیت کے حوالے سے جو گفتگو کی ہے اس سے یہ واضح ہوتا ہے کہ مجتبیٰ حسین کی شخصیت ایک بڑے فنکار اور عظیم انسان کے حسین امتزاج سے عبارت ہے۔ عجز و انکساری انسان دوستی اور احترام آدمیت جیسی صفات مجتبیٰ حسین کی شخصیت کے نمایاں اوصاف میں سے ہیں۔ موجودہ دور کے قحط الرجال میں مجتبیٰ حسین کی شخصیت صحرا میں نخلستان کی مانند ہے جس سے زندگی کے شرارے پھوٹتے ہیں۔ ایسی شخصیتوں سے مل کر، ان کے بارے میں پڑھ کر انسانیت پر اعتماد بڑھ جاتا ہے۔ ان سے مل کر یقین مستحکم ہو جاتا ہے کہ محبت ہی فاتح عالم ہے خلوص ہی کے ذریعے دلوں پر حکومت کی جا سکتی ہے۔ نصف صدی سے زائد وقت سے مجتبیٰ حسین لوگوں کے دلوں پر راج کر رہے ہیں۔ سہیل وحید نے مجتبیٰ حسین سے ملاقات کے شرف اور اپنے تاثرات کو بڑے ہی مخلصانہ انداز میں بیان کیا ہے۔ ان کے فن طنز و مزاح نگاری پر اظہار خیال کرتے ہوئے لکھا ہے کہ ان کی تحریریں اختلاج، احساس تنہائی، احساس برتری یا احساس کمتری میں مبتلا لوگوں کے لیے کسی ڈاکٹری نسخے سے کم نہیں ہے۔ واقعتاً بڑا فنکار اپنی تحریروں کے ذریعے حظ و انبساط کے ساتھ ساتھ بصیرت و آگہی بھی عطا کرتا ہے۔ زندگی کی ایسی سمجھ اور ایسا شعور اپنے قاری کو عطا کرتا ہے کہ وہ زندگی کی تلخ حقیقتوں سے آنکھ ملانے، تمام مشکلات سے نبرد آزما ہونے اور پُر خار راہوں سے ہنس کے گزر جانے کی ادا سیکھ لیتا ہے۔

اس خصوصی شمارے میں مختلف ماہرین ادب نے مجتبیٰ حسین کی تحریروں کا تنقیدی تجزیہ کر کے ادب میں ان کے مقام و مرتبہ کا تعین کیا ہے۔ اس میں شامل مضامین مجتبیٰ حسین کی شخصیت اور فن کے مختلف پہلوؤں کا احاطہ کرتے ہیں۔

دور جدید کے معروف نقاد شمیم حنفی نے اپنے نہایت عالمانہ مضمون ''آدمی نامہ: ایک جائزہ'' میں مجتبیٰ حسین کی خاکہ نگاری پر پُر مغز گفتگو کی ہے۔ ان کا ماننا ہے کی مجتبیٰ حسین نے روایتی مزاح نگاری کے حربوں کے استعمال کے ساتھ ساتھ ایک ایسا طرز اسلوب اختیار کیا ہے جس میں نہایت سادگی اور برجستگی کے ساتھ وہ کسی شخصیت کے حوالے سے زندگی کی حقیقتوں کا انکشاف کرتے ہوئے آگے بڑھ جاتے ہیں ان شگفتہ لمحوں کے سہارے قاری غیر محسوس طریقے سے بصیرت و آگہی کی ایک نئی منزل پر پہنچ جاتا ہے۔

شمیم حنفی نے ان کی طنز و مزاح نگاری کی ایک خوبی یہ بھی بیان کی ہے کہ اس میں Pathos کی کیفیت پائی جاتی ہے۔ مسکراتے لبوں کی ہنسی اور قہقہے لمحہ بھر میں اشکوں میں بدل کر آنکھوں کو پر نم کر دیتے ہیں۔ مضمون نگار کے الفاظ میں:

''وہ مزاح اور سنجیدگی کے فق سے نہ تو باضابطہ انکار کرتے ہیں نہ ہی اس سلسلے میں کسی طرح کی فلسفیانہ موشگافی سے کام لیتے ہیں مگر ان کا کوئی بھی خاکہ اٹھائیے اسے پڑھتے پڑھتے آپ کہاں، کس نقطے پر مزاح سے نکل کر سنجیدگی کے حدود میں داخل ہو گئے۔

اس کا احساس آپ کو اس وقت ہوتا ہے جب اچانک آپ کا اپنے ردِ عمل میں تبدیلی کی طرف دھیان چلا جائے''۔

شمیم حنفی نے مجتبیٰ حسین کی خاکہ نگاری کا تجزیہ کرتے ہوئے لکھا ہے کہ ان کے خاکے روایتی نثری قصیدوں سے مختلف ہیں۔ مزاحیہ پیرائے کے باوجود وہ صاحبِ خاکہ کی ایک ایسی جامع تصویر کھینچتے ہیں جس سے ان کے اسلوب کی دلکشی اور ان کی بصیرت پڑھنے والے کو متاثر کرتی ہے نیز ان کا عمیق مشاہدہ، ان کا مزاج اور ان کی متانت بھی قاری کو اثر انداز کرتی ہے۔ مضمون نگار نے راجندر سنگھ بیدی، مخدوم محی الدین، عمیق حنفی اور باقی کے خاکوں سے دلچسپ اقتباسات پیش کیے جو ان کے مفروضات و تجزیاتی نکات کی تصدیق و توثیق کرتے ہیں۔

دوسرا مضمون ''مولانا علی ناصر سعید عبقاتی ملقب بہ آغا روحی کا 'جاپان چلو...... میری نظر میں' ہے۔ جس میں انھوں نے مجتبیٰ حسین کے سفرنامے 'جاپان چلو جاپان چلو' پر تبصرہ کیا ہے جو اپنے طرز بیان کی وجہ سے خاصا دلچسپ ہے۔ مولانا علی ناصر نے لکھا ہے کہ اس سفرنامے میں مجتبیٰ حسین نے بین السطور میں ہندوستانی سماج میں پنپ رہی برائیوں کو ہدف طنز بنایا ہے اس طنز میں دردمندی ہے کیونکہ اس میں فنکار کا اصلاحی جذبہ مضمر ہے۔ خصوصیت سے اردو ہندی کے لسانی جھگڑے پر فکر انگیز خیالات او رکسٹم آفیسروں کے رویوں کو لطیف طنزیہ و مزاحیہ رنگ میں پیش کیا ہے۔ مضمون نگار نے ان کے فن کو بڑی خوبصورتی سے ان کے فکر و فلسفے سے جوڑا ہے۔ کہیں کہیں مزاح نگار پر گفتگو کے دوران خود مضمون نگار نے بھی شگفتہ انداز بھی اپنایا ہے جیسے:

''میرا خیال تھا کہ ابن انشاء کے بعد مجتبیٰ حسین نے مجھے متاثر کیا ہے۔ مجتبیٰ نے کہا کہ وہ علامہ رشید ترابی کے بعد میری خطابت سے متاثر ہوا ہے۔ ابن انشاء اور علامہ ترابی دونوں ہی پاکستانی ہیں اور انتقال کر چکے ہیں گویا کہ ہمیں فی الوقت ایک دوسرے کے لیے کسی ہندوستانی یا زندہ شخص سے متاثر ہونے کا کوئی اندیشہ نہیں ہے لہٰذا ہم دونوں اس وقت تک ایک دوسرے کی طرف سے مطمئن ہیں''۔

جناب فیاض رفعت نے مجتبیٰ حسین کی بے مثال فنکاری کے عنوان سے مضمون قلمبند کیا ہے۔ مجتبیٰ حسین کے سیر و سیاحت کے شوق اور سفرناموں کی تخلیق کے پیش نظر مضمون نگار نے انھیں 'حیدرآبادی ابن بطوطہ' کا لقب عطا کیا ہے۔ مضمون نگار کا کہنا ہے مجتبیٰ حسین اپنے سفرناموں میں فطرت کے مناظر کو زندہ اور تابندہ بنا کر پیش کرتے ہیں۔ جزئیات نگاری میں انھیں ید طولیٰ حاصل ہے۔ ان کے مزاح میں آمد کی کیفیت پائی جاتی ہے مزاح نہایت فطری اور برجستہ ہوتا ہے۔ سفرنامہ جاپان چلو جاپان چلو اور مختلف خاکوں کے حوالے سے مجتبیٰ حسین کی مزاح نگاری پر روشنی ڈالی ہے اور ان کی شخصیت کے مختلف پہلوؤں کو ابھارا ہے۔ ان کی ادب فہمی، دوست نوازی، انسان دوستی، دردمندی، مزاج کی شائستگی و شگفتگی کی متعدد مثالیں پیش کی ہیں جس کے مطالعے سے مجتبیٰ حسین کی مزاح نگاری کے ساتھ ساتھ قاری ان کی شخصیت سے بھی روشناس ہوتا ہے۔

پروفیسر بیگ احساس کے خاکہ نما مضمون سے مجتبیٰ حسین سے ان کی قربت اور ان کے فن سے عقیدت کا احساس ہوتا ہے۔ اس مضمون میں پروفیسر بیگ احساس نے مجتبیٰ حسین کی شخصیت کے مختلف پہلوؤں ان کی عجز و انکساری، دوست نوازی، سادہ لوحی، وضع داری، عفو و درگزر سے کام لینے کی عادت خوش مزاجی وغیرہ کو مختلف واقعات کی روشنی میں پیش کیا ہے۔ مضمون نگار کا کہنا ہے کہ ان ہی تمام خوبیوں نے مجتبیٰ حسین کو ہر دل عزیز بنایا ہے۔ انھوں نے اپنے فن اور حسن سلوک سے بے پناہ عزت اور محبت کمائی۔ فاتحین

شمال کے برخلاف اِنھوں نے جنوب سے شمال کا سفر کیا اور دلی والوں کے دل جیت لیے۔ اس مضمون کے مطالعے کے دوران قاری کی زیرلب مسکراہٹوں سے پروفیسر بیگ احساس کی بذلہ سنجی اورشگفتہ بیانی کا احساس ہوتا ہے، مثلاً:

''آدمی ترقی کے بہت زیادہ زینے تیزی سے چڑھتا ہے اور انتہائی بلندیوں پر پہنچ جاتا ہے تو اس کے گھٹنوں میں تکلیف ہونے لگتی ہے۔کم ازکم ایسی دو مثالیں ہیں۔ایک مجتبیٰ حسین کی دوسری باجپئی جی کی دونوں نے آپریشن کروائے۔ باجپئی جی کا آپریشن کامیاب رہا۔مجتبیٰ حسین کا شاید پوری طرح کامیاب نہیں ہوالیکن شاید اچھا ہی ہوا۔اپنے ہاتھ میں چھڑی لے کرمجتبیٰ حسین آج بھی بلندیاں طے کررہے ہیں۔اگرآپریشن کامیاب ہوجاتا اور ان کی چال باجپئی جی جیسی ہوجاتی تو مزاح کا کتنا نقصان ہوتا۔ ویسے بھی دراز قد آدمی کے سر سے زیادہ اس کے گھٹنوں کی اہمیت ہوتی ہے''۔

ڈاکٹر صبیحہ انور نے اپنے مضمون میں اپنے والد (وجاہت علی سندیلوی) اور مجتبیٰ حسین کے تعلقات ان کی قرابت، دوستی، ستائش باہمی اوراعتراف فن کو یادوں کے گلیاروں سے نکال کر صفحۂ قرطاس کی زینت بنایا ہے۔مصنفہ کہتی ہیں کہ مجتبیٰ حسین کے لہجے کی سادگی اور انکساری انھیں اردو مزاح نگاروں میں ممتاز مقام عطا کرتی ہے۔ ڈاکٹر صبیحہ انور نے مجتبیٰ حسین کی تحریروں سے فن طنزومزاح نگاری سے متعلق ان کے خیالات کو اقتباسات کی شکل میں پیش کیا ہے۔

''زندگی کے بے پناہ غموں میں گھرے رہنے کے باوجود انسان کا قہقہہ لگانا ایسا ہی ہے جیسے وسیع سمندر میں بھٹکے ہوئے جہاز کو اچانک کوئی جزیرہ مل جائے''۔

مصنفہ نے مجتبیٰ حسین کی شخصیت اورفن دونوں پر سیر حاصل گفتگو کی ہے جہاں شخصیت کے نمایاں پہلوؤں کو اجاگر کیا ہے وہیں ان کی فنّی خصوصیات، زبان وبیان پر قدرت اور سادہ مگر پرکشش اسلوب نگارش کی مثالیں پیش کرتے ہوئے انھیں اردو مزاح نگاری کے صفِ اول میں نمایاں مقام کا حامل قرار دیا ہے۔

معصوم مرادآبادی نے دہلی اردو اکادمی کی جانب سے منعقدہ اجلاس بعنوان' ملک کے مایہ ناز طنزومزاح نگار جناب مجتبیٰ حسین کے ساتھ ایک شام' کی روداد بڑے ہی دلچسپ انداز میں بیان کی ہے اس اجلاس کی صدارت معروف نقاد شمیم حنفی نے کی پروفیسر عتیق اللہ اور اسد رضا نے مجتبیٰ حسین کے فن پر مضامین پیش کیے اور مجتبیٰ حسین نے اپنی تحریروں سے محفل کو زعفران زار کردیا، دہلی کے اہل علم وادب کے لیے یہ ایک یادگار شام رہی۔

نیا دور کے اس شمارے کا ایک اہم مضمون ڈاکٹر گل رعنا کا ہے۔جو انھوں نے ''مجتبیٰ حسین اور ہم عصر مزاح نگاروں میں مماثلت'' کے عنوان سے قلمبند کیا ہے۔اس میں انھوں نے مجتبیٰ حسین اور اردو کے اہم مزاح نگاروں مرزا فرحت اللہ بیگ، مشتاق احمد یوسفی، ابن انشاء اور کنہیا لال کپور کی تحریروں میں مماثلت کی نشاندہی نہایت عالمانہ انداز میں کی ہے اس تحقیقی مضمون کے مطالعہ سے مجتبیٰ حسین کی تحریروں میں فنّی بصیرت اور موضوعاتی تنوع کا اندازہ ہوتا ہے۔مصنفہ مجتبیٰ حسین اور مشتاق احمد یوسفی کی مزاح نگاری میں مزاحیہ حربوں کے استعمال اور مشترک موضوعات کی نشاندہی کرتے ہوئے رقمطراز ہیں۔

''مشتاق احمد یوسفی اور مجتبیٰ حسین کی تحریروں میں مشابہت پائی جاتی ہے۔ مثلاً دونوں کے موضوعات میں بڑی حد تک یکسانیت ہے۔دونوں مزاح نگار مزاح پیدا کرنے کے لیے عموماً لفظی مناسبتوں، تلازمات، لفظی الٹ پھیر، تشبیہات او رطنز کا استعمال کرتے ہیں'' (۶۳)۔

ابن انشاء اور مجتبیٰ حسین میں روانی، بے ساختگی اور برجستگی کے علاوہ اپنی قوم کے لیے دردمندی کو قدرِ مشترک قرار دیا ہے۔ اور کنہیا لال کپور اور مجتبیٰ حسین میں مماثلت موضوعات کی سطح پر حقیقت پسندی اور زندگی سے قریب موضوعات اور جدید شاعری پر طنز شامل ہے۔

محسن خاں نے اپنے مضمون مجتبیٰ حسین اور حیدرآباد میں، حیدرآباد سے ان کی وابستگی اور لگاؤ کو بیان کیا ہے۔ جس کا ثبوت ان کی تحریروں میں جگہ جگہ حیدرآباد کے ذکر سے ملتا ہے۔ مضمون نگار نے شہر حیدرآباد کے حوالے سے مجتبیٰ حسین کے سوانحی کوائف پیش کیے ہیں۔ دہلی میں ان کے طویل قیام کے بعد اہلِ دہلی بھی ان کے دعویدار بن گئے۔ مجتبیٰ حسین نے جنوب اور شمال کی ادبی دنیا کے درمیان پُل کا کام کیا ہے۔

رفیق احمد نے' اردو طنز و مزاح کے میر کارواں مجتبیٰ حسین' کے عنوان سے اپنے مضمون میں مجتبیٰ حسین کی خاکہ نگاری پر تبصرہ کیا ہے۔ مضمون نگار کا کہنا ہے کہ دورِ حاضر میں مجتبیٰ حسین نے اپنے خاکوں' سفرناموں اور انشائیوں کے ذریعے اردو طنز و مزاح نگاری کو ایک وقار عطا کیا ہے۔ ان کا ایک اور کارنامہ یہ ہے کہ انھوں نے دانشورانہ خیالات کو طنز و مزاح کے پیرائے میں عام فہم بنا کر پیش کیا ہے۔

صابر سیوانی نے مجتبیٰ حسین کی شخصیت اور ادبی خدمات کا بھرپور جائزہ لیا ہے۔ مضمون نگار نے مجتبیٰ حسین کی شخصیت کے کچھ ان دیکھے پہلوؤں کو اپنے تجربات و مشاہدات کی روشنی میں پیش کیا ہے۔ جیسے ان کی وقت کی پابندی کی عادت جو اردو والوں میں خال خال ہی پائی جاتی ہے۔ صابر سیوانی نے مجتبیٰ حسین کی تحریروں کا تجزیہ کرتے ہوئے لکھا ہے کہ انھوں نے معاشرے کی بدلتی قدروں کو موضوع بنا کر اخلاقی اور انسانی اقدار کی اہمیت کو واضح کیا ہے۔

انھوں نے دلی میں مجتبیٰ حسین کی سکوٹر کی پچھلی نشست پر بیٹھنے والی مشہور شخصیتوں کا پرلطف تذکرہ کیا ہے۔

سہیل وحید نے مجتبیٰ حسین کا انٹرویو' عجز و انکسار کا پیکر مجتبیٰ حسین' عنوان دیا ہے اس انٹرویو میں انھوں نے اپنے حیدرآباد کے سفر اور مجتبیٰ حسین سے ملاقات کی روداد رپورتاژ کے انداز میں بیان کی ہے ایک طرح سے یہ تحریر انٹرویو اور رپورتاژ نگاری کی آمیزش ہے۔ سہیل وحید نے ایک طرف پرانے شہر حیدرآباد کی تہذیب خصوصیت سے یہاں کے پکوان میں حیدرآبادی بریانی، بگھارے بیگن، خوبانی کا میٹھا، پتھر گوشت اور حلیم کا ذکر کیا ہے اور حیدرآبادی بریانی کا موازنہ لکھنوی بریانی سے کیا ہے۔ دوسری طرف حیدرآباد کی ترقی' ہندوستان کا سب سے طویل ترین فلائی اوور، ہائی ٹیک سٹی، جوبلی ہلز اور بنجارہ ہلز کی صاف وشفاف سڑکیں، سڑکوں کے درمیان ڈیوائڈر اور دونوں جانب لگے درختوں کی ہریالی اور حسین عمارتوں کے بیچ نشیب و فراز سے گزرتے راستے حیدرآباد کے حال اور مستقبل کی خوشحالی کی ضمانت دے رہے تھے وہیں سالار جنگ میوزیم حیدرآباد کے شاندار ماضی کی یادیں تازہ کر رہا تھا۔ سہیل وحید نے مجتبیٰ حسین سے اپنی ملاقات کو دلچسپ انداز میں بیان کیا ہے۔ انٹرویو میں انھوں نے جو سوالات قائم کئے ہیں ان کے جوابات مجتبیٰ حسین کی شخصیت اور ان کے فن کو سمجھنے میں معاون ثابت ہوں گے۔ اس انٹرویو میں مجتبیٰ حسین نے اپنے ادبی سفر کی روداد بیان کی ہے ساتھ ہی شخصی زندگی کے سفر اور اپنی ہمسفر محترمہ ناصرہ بیگم پر بھی گفتگو کی ہے۔ اور بتایا ہے کہ شخصی زندگی کے ساتھ ساتھ ادبی زندگی میں ان کا تعاون غیر معمولی ہے۔

سہیل وحید نے حیدرآباد میں اپنے قیام کے دوران گل رعنا کی کتاب' مجتبیٰ حسین اور فن طنز و مزاح نگاری' کی رسم رونمائی میں بہ حیثیت مہمان خصوصی شرکت کی اور اپنے تاثرات کو بیان کیا

ہے۔اس شمارے میں مجتبیٰ حسین کی تحریروں کا انتخاب بھی شامل ہے جس میں چار انشائیے اپنی یاد میں' غزل سپلائنگ اینڈ مینوفیکچرنگ کمپنی' مشاعرے اور مجرے کا فرق' دیمکوں کی ملکہ سے ایک ملاقات' اردو کا آخری قاری اور خوشونت سنگھ کا خاکہ شامل ہے۔ان مضامین کی شمولیت نے اس شمارے کو دو آتشہ بنادیا ہے اس سے شمارے کی وقعت اور بڑھ گئی ہے۔ چونکہ اس انٹرویو میں مجتبیٰ حسین نے مارک ٹوئن کو اپنا پسندیدہ مزاح نگار قرار دیا ہے اس کی مناسبت سے مدیر نے اس میں مارک ٹوئن کی تحریر کا نمونہ' مقدر' (مترجم: رائحہ تقوی) کو بھی شامل کیا ہے۔

اس شمارے میں مجتبیٰ حسین سے متعلق مختلف ناقدین اور اکابرین ادب کی آراء کو بھی شامل کیا گیا ہے۔ جیسے پروفیسر گوپی چند نارنگ، شہریار،فکر تونسوی، وجاہت علی سندیلوی، یوسف ناظم ، حقانی القاسمی، ڈاکٹر قمر رئیس،، پروفیسر سوزوکی تاکیشی (جاپان)،مغنی تبسم ،انتظار حسین، کنور مہندر سنگھ بیدی سحر وغیرہ کی شمولیت سے ایسا لگتا ہے گویا آسمان ادب پر مجتبیٰ حسین نامی اس آفتاب طنز ومزاح کے اردگرد پوری کہکشاں جگمگا رہی ہے۔ نیا دور کا مجتبیٰ حسین نمبر نہایت عمدہ کاغذ اور خوبصورت ترتیب و تزئین کے ساتھ شائع کیا گیا ہے۔ رسالے میں رنگین تصویریں مجتبیٰ حسین کے ادبی سفر کے ارتقاء کی مختلف منزلوں کا پتہ دیتی ہیں۔ بلاشبہ دورِ حاضر میں مجتبیٰ حسین اردو طنز ومزاح کی آبرو ہیں شان ہیں ان کی تحریریں اردو ادب کا قابل فخر سرمایہ ہیں۔ نیا دور کا یہ شمارہ مجتبیٰ شناسی میں ایک بہترین اضافہ ہے۔

معین الدین عثمانی

ہم زاد سے راست مکالمہ کرنے والا مجموعہ ''خوابگینے''

اردو میں افسانے کی روایت اب دو صدیوں پر محیط ہے۔مگراس کے باوجود فکشن کے ناقدین کو شکایت رہی ہے کہ اردو افسانہ عالمی سطح تک نہیں پہونچ سکا ہے۔اسی لیے جب بھی افسانے کی گفتگو ہوتی ہے تو ناقدین کا ادبی کارواں ترقی پسندوں کے جمگھٹے سے آگے نہیں بڑھتا۔ ویسے دیکھا جائے تو اس معاملے میں ترقی پسندوں کا تشہیری حربہ بھی ان کے حق میں بڑا کارگر ثابت ہوا ہے۔ یہاں یہ بات بھی خاطرنشاں رہے کہ ان کے کام سے کسی کو انکار نہیں ہے مگر تحریک کے ختم ہوجانے کے بعد بھی ناقدین کا پرانی لکیروں کو پیٹنا کسی صورت مناسب نہیں اور کارواں کے بعد آنے والے گروہ کو یکسر نظرانداز کرنا تو ظلم کے مترادف ہے۔

آزادی کے بعد جدیدیت کے پرچم تلے کچھ افراد نے افسانے کی ناو کو ایک عرصہ تک سنبھالا دیا مگر ان کے غیر متعلق موضوعات نے زیادہ دور کا سفر کرنے سے انھیں باز رکھا تو وہ بھی غیر محسوس طریقے سے کنارے جا لگے۔

کہا جاتا ہے کہ دنیا میں کسی چیز کو ثبات نہیں ہے ہر کوئی محو سفر ہے تو پھر بھلا افسانہ کہاں ٹھہرنے والا تھا اس کا کارواں زندگانی کی ترجمانی کرتے ہوئے آگے بڑھتا گیا۔ کارواں میں ہر پل نئے نئے مسافر شامل ہوتے گئے اور ایک نیا افسانوی جہاں آباد ہوتا گیا۔اسی نئے افسانوی کرہ کے بلند حوصلہ مسافر کا نام ہے شاہد اختر جو اپنی فنی جلوہ سامانیوں سے افسانہ دیار میں طرح طرح کے رنگ بکھیر کر اپنے وجود کا لوہا منوا رہا ہے۔

معروف نقاد مہدی جعفر اس کے تعلق سے یوں رقم طراز ہیں ''شاہد اختر کے افسانے لمحہ موجود میں سانس لیتے ہیں۔ ان کے یہاں آج ہے اپنی پوری شدت کے ساتھ آج کی تلاش ہے خواہ امروز کے تہذیبی نشیب میں اتر جانے کا مظاہرہ ہی کیوں نہ کر رہی ہو۔ان کے یہاں اگر کہیں گزرتے ہوئے کل کی جھلک ہے تو یہ شکل آج کے آئینے میں نظر آتی ہے۔

آج کے اس پے چیدہ معاشرے میں فرد ایک اکائی میں تبدیل ہو کر اپنے آپ سے برسرِ پیکار بلکہ جنگ میں مصروف ہے۔ اس کی سوچ وفکر زندگی کا ہر (عمل اد کی ذات کے گرد مرتکز ہو گیا ہے۔ سماج میں رہتے ہوئے بھی تنہائی کے عذاب سے دوچار ہے ایسی صورت میں معاشرے کی جو گنجلک تصویر ابھر رہی ہے۔اس کا عکس جا بجا ان کی کہانیوں میں اپنی داستان رقم کر رہے ہیں۔اور اردو افسانے کا نیا باب وا کر کے عالمی ادب کو آنکھیں دکھا رہے ہیں۔شاہد اختر کا یہ اعترافیہ ہے کہ ''میرا ہم زاد بارہا مجھ سے بڑے عجیب سوالات کرتا ہے اس مجموعہ کے تمام افسانے ہمزاد کو دیئے گئے جوابات ہیں۔ میرے جوابات سے وہ مطمئن بھی ہے۔ اس کی تسلی واطمینان میری ترجیحات میں شامل ہے۔ کیوں کہ اس طرح مجھے بھی کچھ راحت نصیب ہوجاتی ہے۔

تاریخ منطق وفلسفہ سے ان افسانوں کو بچانے کی حتی الامکان کوشش کی ہے اس لیے نہیں کہ یہ علوم افسانے کے لیے زہر قاتل ہیں بلکہ اس کی وجہ یہ ہے کہ ان افسانوں کے نحیف وکمزور شانے ان کا بوجھ اٹھانے کی طاقت نہیں رکھتے۔''

شاہد اختر کے مطابق ہر افسانے میں ہمزاد موجود ہے جس طرح کسی عاقل کے پاس موکل ہوتا ہے اور اس سے طرح طرح کے کام لیتا ہے عین اسی طرح وہ اپنے ہمزاد کے روبرو زندگی

کے مسائل پیش کر کے اس پر گفتگو کرتے اور مسائل کے حل کی طرف نشاندہی فرماتے۔ کیوں کہ مسائل کو آشکار کرنا قلم کار کی ذمہ داری تو ہوسکتی ہے مگر حل کے لیے معاشرے کو ہی پیش قدمی کرنا ہوتا ہے۔

خوا بگینے میں شامل تمام تر افسانے موجودہ دور کے افسانے ہیں۔ان میں آپ کو نہ تو گل وبلبل کے قصے ملیں گے نا ہی رومان کی داستانیں۔ بلکہ یہ کہانیاں آپ کو اپنے آس پاس کی بکھری ہوئی کہانیاں محسوس ہوں گی۔ میں تو یہ بھی کہنے کا مجاز ہوں کہ ان میں آپ کو خود اپنا عکس بھی نظر آئے گا۔ جسے دیکھ کر حیران و پریشان ہونا فطری ہے۔اور میرے خیال سے یہ وصف ہی انھیں ریوڑھ سے الگ کرنے کے لیے کافی ہے۔خوش آئند بات یہ ہے کہ ہر افسانے کے تانے بانے انسانی رشتوں کے درمیان ہی گردش کرتے ہیں جس کے سبب افسانے چونکانے کی بجائے قاری کو متحیر کر کے غور وفکر پر آمادہ کر دیتے ہیں۔

''در و بام''اس افسانے کی یہ سطریں ملاحظہ فرمائیں:

''بیوی بچوں کے آتے ہی در و بام کی نحوست غائب ہوگئی۔ مکان اور گھر کے درمیان۔عورت ہی حائل ہوتی ہے۔مرد اس میں کچھ بنا بگاڑ نہیں سکتا۔'' کہانی کے عروج میں انسانی نفسیات کا غیر معمولی دخل ہوتا ہے جو قلم کے سپاہی اس راز کو پالیتے ہیں زندگی کے پیچیدہ مسائل کی گرہ بھی بہ آسانی کھول سکتے ہیں۔اور یہ ہنر شاہد اختر کے افسانوں میں جگہ جگہ محسوس کیا جاتا ہے۔لگتا ہے قدرت نے اس معاملہ میں ان کے تئیں فیاضی کا مظاہرہ کیا ہے۔ افسانہ''تجویز'' کی یہ سطریں اس بات کی ضمانت دیں گی۔''اس جگہ سے دفاع کے صرف دو ہی راستے بچے ہیں۔ پہلا یہ کہ آپ صحرا کی طرف کوچ کر جائیں۔جنگل میں اس لیے نہیں کہہ رہا کہ شہر اور اس کے درمیان حدود کا امتیاز ختم ہو گیا۔اور افسانہ''حساب'' کا یہ فقرہ کہ''تم نے کبھی سوچا ہے کہ اللہ رب العزت تم سے کس چیز کا حساب لے گا''

یہ اور اس قبیل کے بے حساب جملے قاری کو لمحہ بھر کے لیے سہی روک کر غور وفکر پر آمادہ کرتے ہوئے نظر آتے ہیں۔جوان کی فنی بلوغت کے ساتھ ذہنی وسعت کو بھی آشکارہ کرتے ہیں۔

خوا بگینے میں شامل زیادہ تر کہانیوں کی خوبی یہ ہے کہ کہانی کے ساتھ بین السطور میں ایک دوسری کہانی ساتھ ساتھ چلتی ہے۔قاری کے لیے یہ فیصلہ کرنا مشکل ہو جاتا ہے کہ اس کے ذہن پہ کون سی تحریر اثر انداز ہو رہی ہے۔اور میرے خیال سے یہ تحریر کی فنی بلوغت کی علامت ہے۔اس ضمن میں ان کا افسانہ''کتے'' کی مثال دی جاسکتی ہے کہ روز مرّہ کے ایک معمولی واقعے کے توسط سے انھوں نے مسلم معاشرے کی بین الاقوامی سطح پر تصویر کشی کی ہے۔ جسے دیکھنے کے لیے تیسری آنکھ کی ضرورت ہے جو موجودہ فکشن نقادوں کے پاس نہیں ہے۔ان کی عینک گزیدہ آنکھیں گنتی کے چند ناموں کے علاوہ کچھ اور دیکھ نہیں سکتیں۔

شاہد اختر عجلت پسندی کے قائل نہیں ہیں۔ان کی کہانی بڑی آہستگی سے آگے بڑھتی ہے۔ یوں لگتا ہے گویا کہ وقت ٹھہر سا گیا ہے۔مگر جب وہ نفسیات کی سیڑھی کے سہارے اختتام کو پہنچتے ہیں تو قاری کے دل و دماغ سے ایک چنگاری نکلتی ہے جس کی سوزش سے وہ تا دیر بے چین رہتا ہے۔ بظاہر کہانی ختم ہو جاتی ہے لیکن ایک دوسری ان دیکھی کہانی روبرو ہو کر زندگی کا محاسبہ کرنے لگتی ہے۔ بڑی تحریر کی یہ خوبی گردانی گئی ہے کہ اس کے لفظ لفظ اور سطر سطر سے اپنے پن کا احساس جھلکتا ہے۔ جہاں اپنائیت در آئے تو رشتہ میں مضبوطی کا آنا فطری بن جاتا ہے۔اور شاہد اختر کی ہنر مندی نے جگہ جگہ اس جادو سے اپنے افسانوں کو مالا مال کیا ہے۔

جہاں تک افسانوں کی زبان و بیان کا تعلق ہے زبان

نہایت صاف وشستہ اور بامحاورہ ہے۔جس کے سبب کردار زندہ اور قاری سے راست مکالمہ کرتے نظر آتے ہیں۔

انسانی زندگی میں پیٹ کی بھوک کے بعد جنسی بھوک کو غیر معمولی اہمیت حاصل ہے۔ان ہی کی بنیاد پر زندگی میں ہنگامے ہیں۔ان کی تسکین کی خاطر قدرت نے کچھ ضابطے مقرر کیے ہیں۔ جب انسانی معاشرہ ضابطوں کے حدود میں رہتا ہے سماج میں امن و چین کی دیوی کا راج رہتا ہے۔لیکن جب کبھی ان ضابطوں کی پامالی ہوتی ہے تو معاشرہ کا رخ جنگل کی تصویر بن جاتا ہے۔ ایسے ہی حساس موضوعات کو ان کے یہاں جس سلیقے کے ساتھ ایک انوکھا موڑ دے کر پیش کیا گیا ہے جس کی مثال دیگر مقامات پر خال خال ہی دیکھنے کو ملتی ہے۔شجر ممنوعہ قرار دیا گیا یہ موضوع کو ہنرمندی سے منٹو اور بیدی شاید انھیں کا حصہ ہے۔

منٹو اور بیدی کے بعد کیا فسانے کی گمشدگی کی شکایت کرنے والوں کی نظریں جب اس خاموش طبع فنکار کی جانب جائیں گی تو یقینی طور پر یہ احساس ہوگا کہ افسانہ نگاروں کی اس بھیڑ میں ایک سنجیدہ قلم کار شاہد اختر بھی ہے۔ جو ''خوا بگینے'' کے موتیوں سے افسانہ محل کو روشن اور تابندہ کر رہا ہے۔ واٹس اپ اور فیس بک کی اس دنیا میں تحریر کی سکڑتی اور دم توڑتی حالت کو جلا بخشنے کی خاطر خوا بگینے'' ے کی پذیرائی اردو حلقہ کا ادبی فریضہ ہے۔

000

ابوظہیر ربانی/جاں نثار معین

جوگندر پال کی افسانہ نگاری

ماہر پال ابوظہیر ربانی مابعد جدید محقق و ناقد ہیں۔ انہوں نے بیسویں صدی کے ادبی ثقافت کے پیکر جوگندر پال کے کائناتی شعور کے احساس کو عصرِ حاضر کے معاشرتی تقاضوں کو موضوع بنایا ہے۔ان کی تحریروں کی باطنی فضاء کی وسعت اور کثیر الجہتی کو بڑی صفائی کے ساتھ صفحہ قرطاس پر بکھیر دیا۔ جوگندر پال کی تخلیقات میں دھرتی کا کال (1961ء)، میں کیوں سقیم؟ (1962ء)،کھودو بابا کا مقبرہ (1994ء)، پرندے (2000ء) (سبھی افسانے)،نہیں رحمان بابو (افسانوں کا مجموعہ جس میں کچھ دوسطری تھے)، آمدورفت (1975ء)، بیانات (1975ء) (دو مختصر ناول)، بےمحاورہ (1978ء)، بیارادہ (1981ء)، نادید (1983ء)،خواب رو (1991ء) (دونوں ناول) زیادہ مشہور ہوئے۔ کہنے کو یہ کتابیں ادبی تاریخ کا حصہ ہیں۔لیکن حقیقت میں جوگندر پال کی روح ہے۔

جوگندر پال کی زبان بہ محاورہ،ضرب المثال سے پر ہے۔جس سے عام قاری یا طالب علم سرسری مطالعے سے نہیں سمجھ سکتااس غرض سیابوظہیر ربانی نے جوگندر پال کی شخصیت اورفن و فکر کومختصر سادہ سہل انداز میں متعارف کیا ہے۔ان کی یہ تحریریں جوگندر پال پر تحقیق کا نقطہ بن رہی ہیں۔ ابوظہیر ربانی کی کتاب "جوگندر پال کی افسانہ نگاری" تین ابواب پر مشتمل ہے۔ مضامین کی زمرہ بندی 'مقدمہ' سیابتدا ہے۔ پہلے حصہ میں 'جوگندر پال :شخصیت اورعہد' کے تحت ذیلی ابواب میں 'حالاتِ زندگی، معاصر ادبی صورت حال' اور 'تخلیقی سفر اور اہم تخلیقی کارنامے' ہے۔ دوسرے حصہ 'جوگندر پال کے افسانے :فکری وفنی تجزیہ' کے ذایلی ابواب میں 'سماجی ، تہذیبی اور فکری فضا'، 'فنی وتکنیکی جہتیں'، 'پلاٹ، کردار، زبان اسلوب' اور 'تکنیک' پر محیط ہے۔آخری حصہ 'جوگندر پال کی انفرادیت' کے ذیلی ابواب میں موضوع،فکر اورفن ہے آخر میں کتابیات درج ہے۔اس طرح مکمل کتاب پر خوبصورت اور جاذبِ نظر عالمانہ تجزیہ ہے۔ بالخصوص سماجی شعور کے رموز،افسانوں کی کارکردگی کی تفصیل، سماجی اورتہذیبی پس منظر میں ان کی بنیادی فکر وفن کی وضاحت لطیف انداز میں بیان کیا ہے۔ثبوت میں جوگندر پال نے خودلکھا ہے' نئے ادبا کو ہی اپنا ادبی دورتخلیق کرنا ہوتا ہےاوراس کے لیےانہیں اپنے دور میں پنپتی ہوئی نئی اورمختلف سچائیوں کے آزادینہ تخلیقِ احساس وادراک کے بغیر چارہ نہیں۔ جس مقصد کے تحت کرشن چنر، بیدی اورمنٹونے اپنے عہد کے مطابق افسانے کونیا موڑ دیا ،اسی مقصد کی انجام دہی کے لیے میرے لیے بھی ملازم تھا کہ اپنے دور کی مخصوص سچائیوں کے اظہار کے لیے مخصوص اسلوب اختیار کروں، اس طرح قارئین کو بھی اگرنئی کہانیوں میں اپنے زمانے کی مانوس چاپ محسوس ہونے لگےتووہ ان سے جڑ جاتا ہے۔

ابوظہیر ربانی عصر حاضر کے منفرد وممتاز محقق اورزبان و ادب کیا سرار ورموز سیآشنا شخص ہیں۔ مصنف نے اپنےفہم وادراک اور وسیع النظری سے موضوع کا پوری طرح حق ادا کیا ہے۔ جوگندر پال کی بصیرت کی راست آگہی اوران کے مابعد جدید افکارکو اپنی تخلیق کےکوزے میں سمویا ہے۔ جو غیر معمولی کاوش تھی۔اس کا عکس اس اقتباس میں دیکھا جاسکتا ہے:

جوگندر پال نے فنی اور تکنیکی وسائل سے بلیغ انداز میں کام لیتے ہوئے افسانے میں فکری تہہ داری پیدا کی ہے۔ان کے بیشتر افسانے قرات اورتعبیر کی نت نئی جہتیں رکھتے ہیں اور انہیں ہرقاری ایک نئے سیاق میں پڑھ سکتا ہے۔ان کےافسانوں میں ثقافتی تغیرات سے متعلق مظاہر کرداروں کے جلو میں اس طرح

نمایاں ہوتے ہیں کہ قاری کی حسیت متاثر ہوئے بغیر نہیں رہتی۔ بیدی کے بعد کی نسل میں جوگندر پال ایسے پہلے افسانہ نگار ہیں جن کے یہاں قدیم ثقافتی تناظر پر مبنی بیانیہ یعنی اساطیر متن میں مرکزیت کا درجہ حاصل کر لیتی ہیں۔ یہ اساطیر تناظر ہم عصر دنیا کے تضادات اور مسائل کے تجزیے کا نیا سیاق سامنے لاتے ہیں اور افسانے کو نئی معنویت سے ہمکنات کرتے ہیں۔

جوگندر پال نے فکری سطح پر خود کو منفرد تو بنایا ہی، موضوعات، کردار، زبان و اسلوب اور تکنیک میں بھی انفرادیت کا ثبوت دیا۔ افسانوں کا بنیادی وصف تو یہی ہے کہ اس میں افسانویت ہونی چاہیے۔ لیکن یہ بھی دیکھنا چاہیے کہ کہانی کار نے کہانی میں زندگی کے تجربات کو کیا اس طرح پر دیا کہ وہ قاری کے تجربا و مشاہدات سے مس ہو کر اس کی بصیرت مین اضافے کا سبب بن سکے۔ اس لحاظ سے جوگندر پال ایک کامیاب فنکار ہیں کہ ان کی کہانیوں میں مشاہدہ بھی ہے اور تجربہ بھی اور قاری کے تجربے اور مشاہدے کو مس کرنے کی صفت بھی۔

جوگندر پال بیک وقت میں ماہرِ فکشن، بہترین ادیب، انشاء پرداز، تاریخ نویس، مذہبی رہنما، معاشرتی رہبر، قیادت و ثقافت کا ایک متعبر مفکر، عمدہ خطابت کرنے والا فلسفی اور متنوع جہات بے مثال شخصیت کے مالک ہیں۔ اسی لیے ابوظہیر ربانی نے اس معتبر قلم کار و پر کتاب لکھ دی جو کم الفاظ میں زیادہ معلوماتی ہے۔ چاہیان کے شخصی مضامین ہو یا ان کی فکری بصیرت ہر گوشے کو منفرد انداز میں اختصار سے بغیر انگریزی حوالوں کے تکرار سے پاک ہے۔ اس تصنیف کا اسلوب، لفظیات، زبان و بیان یا اصطلاحوں کو بہتیرن انداز سے برت کر سہل انداز میں سلیقہ کے ساتھ کتابی شکل دی۔ یہ کتاب جوگندر پال کی فکر و فن کو سمجھنے کا اعلیٰ نمونہ اور موثر ذریعہ ہے۔ اس کتاب کا متصوّرہ نقطہ یہ ہے جتنی اچھی ترتیب ہے اتنے ہی اچھے سلیقے سے آپ کی شخصیت کو مختصر اور جامع انداز میں پیش کیا گیا ہے۔

جوگندر پال کی شخصیت فکشن پروردہ کے نام سے جانی اور مانی جاتی ہے۔ ماضی میں اردو کے اہم فکشن نگار بیشتر قلم کاروں نے آپ کی ادبی خدمات کو اردو دنیا کے روبرو پیش کیا ہے۔ لیکن ابو ظہیر ربانی نے فن اور شخصیت کے علاوہ ان کے افسانوں کی فکری و فنی اہم نکات کو سریع الفہم انداز میں گراں قدر وضاحت کی ہے۔ جو شاید آئندہ کسی کو نصیب ہو۔ ایسی کاوشوں سے ہی ادب مستند ہوتا ہے۔ پچھلے دنوں علامہ شبلی نعمانی نے 'موازنہ انیس و دبیر' لکھا تو ادب کا حصہ بن گیا۔ وہی کام ابوظہیر ربانی نے اس تخلیق سے کیا ہے۔ کیوں کی اردو داں طبقہ جوگندر پال کی افسانہ نگاری سے تو وقف ہے لیکن ان کے فکر و فن سے کوسوں دور ہے۔ اس اعتبار سے یہ تصنیف اپنے آپ میں ایک منفرد حیثیت رکھتی ہے، اسلوب معیاری، طرز ادا دل کش، زبان و بیان نقص سے پاک، پُر لطف معلوماتی، جامع سلیس اور عام فہم جملوں کا استعمال کیا ہے۔ جس میں جوگندر پال کے مخصوص حوالے اور ان کے فن کو جدید افکار سے صداقت کے ساتھ خود مصنف نے اپنےمشاہدات کی روشنی میں پیش کیا گیا ہے۔ اس طرح لکھی جانے والی یہ پہلی معتبر کاوش ہے۔ مصنف کی یہ تصنیف ایک آئینہ کے دو عکس ہے ایک جوگندر پال کی شخصیت دوسرے ان کے فکر و فن کا علمیانہ تجزیہ جس سے یہ کتاب ایک توانا گم گشتہ پہلو کی بازیافت اور جوگندر پال شناسی کی عمدہ مثال ہے۔ یہ تخلیق مصنف کے وسیع مطالعے، گہرے تفکر اور تحقیقی کدو کاوش کا بین ثبوت ہے۔ توقع ہے یہ اس کاوش کو علمی حلقہ میں تحسین کی نظر سے دیکھا جائیگا اور اس پر غور و فکر کے نئے دریچے بھی کھولیجائیں گے۔ کیوں کہ جوگندر پال کا تخلیقی کام اتنا زیادہ اہم اور قابل قدر تھا کہ اس کی قدر و قیمت پر ایماندارانہ نظر ثانی کی ضرورت تھی۔ اس کمی کو ابوظہیر ربانی نے مکمل کی۔ مبصر کو امید ہے کہ جوگندر پال کی وفات کے بعد ہمارے علمی و ادبی حلقوں میں اس کام کی اہمیت کا ادراک کرتے ہوئے محنت اور دیانت کے ساتھ پیش کی گئی یہ کاوش اہم ثابت ہوگی۔

OOO

الطاف حسین

گلبدن بیگم کی تصنیف ''ہمایوں نامہ'' کا تجزیاتی مطالعہ

مقدمہ

ہندوستان میں مغلیہ دور کے حکمرانوں نے علوم وفنون، تہذیب وثقافت میں لازوال نقوش مرتب کئے۔مغلیہ سلطنت کا موسس شہنشاہ بابرشعر وادب اور تاریخ نویسی کا فطری ذوق رکھتا تھا۔ ہندوستان میں مغلیہ دور کے معاصر، ایران کے صفوی بادشاہوں نے شعرا و ادبا کو قصیدے صرف ایمہ کی مدح میں لکھنے کو کہا۔ اس کے برعکس ہندوستان میں مغلیہ دور کیبادشاہوں نے شعروادب کوفروغ دینے میں پابندی عایئد نہ کی۔عہد اکبر کے تاریخ نویس بدایونی نے ۲۰۰ شعرا کے نام بتائے ہیں جو ایران سے ہندوستان مہاجرت کئے۔ ذیل کے شعر سے صاف ظاہر ہے۔

نیست درایران زمین سامان تحصیل کمال
تانیامد سوی ہندوستان حنا رنگین نشد

نہ صرف بادشاہوں اور شہزادوں نے شعر و ادب کو فروغ دینے میں اہم رول ادا کیا بلکہ مسلم خواتین کی حصہ داری بھی اہم ہے۔ان کی حصہ داری اعلی تعلیم وتربیت کے علاوہ مختلف میدانوں میں جیسے انتظام حکومت، تدبیر مملکت اور سیاسی و جنگی زندگی میں نمایاں خدمات انجام دیں۔مغل شہزادیاں جیسے گل رخ بیگم اور زبدۃالنساء فارسی شاعرہ تھیں۔علاوہ از این زیب النساء فارسی شاعرہ اور ان کے آثار زیب المنشات و زیب التفاسیر ہیں۔ زیب النساء نے اعلی تعلیم کے ساتھ قرآن پاک بھی حفظ کیا۔مغل شہزادیوں کی لمبی فہرست ہے۔ شعر و ادبی ذوق کی وجہ سے تاریخ کے صفحوں پر موجود ہیں۔شاہان مغلیہ نے شہزادوں کے ساتھ شہزادیوں کو بھی تعلیم سے آراستہ کیا۔ مغل شہزادی گلبدن بیگم کو ادبی اور علمی اعتبار سے ممتاز حیثیت حاصل ہوئی۔

گلبدن بیگم بنت ظہیر الدین بابر سال ۱۵۲۲ء میں کابل میں پیدا ہوئی۔گلبدن بیگم وہ عظیم الشان خاتون تھیں جنھوں نے فارسی زبان میں تاریخ ہمایوں نامہ تصنیف کیا۔ ہمایوں نامہ کی تصنیف میں بابر کی توزکِ بابری سے مدد لی۔ بابر بادشاہ کے بارے میں لکھا ہے کہ آپ نے آپنی حکومت میں اتنی مشقت اور خاطرات کا سامنا کیا کہ آپ کہ برابر کسی اور نے اتنی مشقت اور خاطرات کا سامنانہیں کیا۔ ہمایوں نامہ میں ان کی شکست ، فتوحات اور اصول حکمرانی کے بارے میں مفصل ذکر کیا ہے۔جس کا ذکر آنے والے صفحات میں تجزیاتی مطالعے میں ہے۔

ہمایوں بادشاہ کی تخت نشینی ، گجرات و بنگال کی فتوحات، شیر شاہ سوری سے شکست، ملتان اور بکھر کی طرف فرار، حمیدہ بانو سے شادی ، اکبر کی پیدائش، بادشاہ ایران کی پذیرائی، قندھار، کابل اور بدخشاں کی فتح، مرزا کامران کی شکست اور گرفتاری سے ہمایوں نامہ کا تجزیاتی مطالعہ ختم ہوجاتا ہے۔

ہمایوں نامہ کی نثر سادہ، سلیس اور تکلف اور تصنع سے صاف ہے۔فارسی ادب میں ایک شاہکار ادب شمار کیا جاتا ہے۔ جس میں مختصر فقرے،سادہ اور طرز ادا کی بے ساختگی دل کو بے اختیار کر دیتی ہے۔ بابر اور ہمایوں کے واقعہ کو ضرورت کے حساب سے تفصیل اور اختصار سے لکھا ہے۔

ہمایوں نامہ کا تجزیاتی مطالعہ

گلبدن بیگم نے بادشاہ اکبر کے کہنے پر تاریخ ہمایوں نامہ لکھا۔ ہمایوں نامہ کے مترجم عثمان حیدر نے لکھا ہے:

بادشاہ سلامت کا یہ فرمان تھا حضرت فردوس مکانی اور حضرت جنت آشیانی کے جو واقعات زندگی تمہیں معلوم ہیں انھیں قلم بند کرو۔ جب حضرت فردوس مکانی اس جہان فانی سے عالمِ جاودانی کی طرف سدھارے، اس وقت تک مجھ ناچیر کی عمر آٹھ سال کی تھی۔ اس لیے آپ کے عہد کی زیادہ تر باتیں تو مجھے یاد نہیں مگر جتنا مجھے یاد ہے اور جو کچھ سنا ہے وہ فرمان شاہی سے لکھتی ہوں۔

گلبدن بیگم کی تصنیفہمایوں نامہ کی اہمیت عہد بابر اور ہمایوں بادشاہ کے بارے میں ہے۔ تاریخ ہمایوں نامہ کا آغاز عہد بابر سے کیا ہے۔ بابر بادشاہ بارہ سال کی عمر میں ولایت فرغانہ کے پایہ تخت اندجان میں ۹۰۹ ہجری میں تخت نشین ہوئے۔

گلبدن بیگم نے بابر بادشاہ کے بارے میں لکھا ہے ان کو چھوٹی عمر ہی میں اصول حکمرانی سنبھالنی پڑی۔ گیارہ سال کی عمر میں علاقۂ ماورالنہر کے لیے جدو جہد، سمرقند، بدخشاں، قنوج اپنی بادشاہی سلطنت میں شامل کیے گئے۔ ۹۱۰ ہجری میں کابل کا بادشاہی سلطنت میں داخل ہونا بادشاہ بابر کے لیے کارگر ثابت ہوا۔

زیادہ تر ان کی اولاد کی پیدائش کابل میں ہوئی۔ بادشاہ نے کابل کے لیے کافی پریشانی دیکھی۔ کبھی محمد مقیم ارغوان، مرزا خاں، مرزا محمد حسین گورگان اور کبھی ازبک سلاطین سے سامنا کرنا پڑا مگر بابر بادشاہ اصول حکمرانی اور امور سلطنت میں مستحکم رہے۔ آخرکار علاقہ کابل بھی بابر بادشاہ کی سلطنت میں شامل ہوا۔

تاریخ ہمایوں نامہ میں گلبدن بیگم نے اپنے بھائی بہنوں کے نام گنوائے ہیں اور کچھ کا تفصیلی طور پر بیان کیا ہے۔ ہمایوں نامہ خاندانی تاریخ کے لحاظ سے بے حد اہمیت کی حامل ہے۔ بابر بادشاہ کے سب سے بڑے بیٹے ہمایوں کی پیدائش بھی ۹۱۳ھ کو کابل میں ہوئی ہوئی۔

شاہ اسماعیل صفوی کی مدد سے آپ نے کابل، سمرقند اور علاقۂ ماوراالنہر اپنی سلطنت میں شامل کیا۔ مگر ازبک سلاطین سے ہزیمت کی وجہ سے شامل شدہ علاقے بھی کھونے پڑے۔ خاص کر ازبک سلاطین شاہی بیگ خاں اور عبداللہ خاں ازبک آپ کے مخالف تھے۔ آخرکار ہندوستان کا رخ کیا۔ بابر بادشاہ کا کئی بار ہندوستانی سرحد تک آنا ہوا۔ مگر سال ۹۳۲ھ کو سلطان ابراہیم لودھی کو شکست ہوئی۔ اس طرح برصغیر ہند کو بھی بادشاہت میں شامل کیا۔ اس کے بعد شعراو ادبا ایران سے ہندوستان آئے۔ رانا سانگا کو بھی شکست ہوئی۔ سیاسی اعتبار سے تاریخ ہمایوں نامہ عہد بابر وہمایوں کا اہم ذخیرہ ہے۔

گلبدن بیگم ان ہی دنوں کابل سے ہندوستان آئیں۔ خوش آمدید کی رسم کو ہمایوں نامہ میں لکھا ہے۔ گلبدن بیگم کی تاریخ ''ہمایوں نامہ'' کے مطابق بادشاہ کے وزیر، اپنی بیوی سلطانم کے ساتھ استقبال کے لیے آئے۔ دعوت دی گئی۔ تخت، سرخ ریشمی چادر کا فرش بچھایا گیا۔ گلبدن بیگم نے ہمایوں نامہ کو ہر پہلو سے بیان کیا ہے۔ دعوت کی رسم کو دکھایا ہے۔ اس طرح تاریخ ''ہمایوں نامہ'' کی اہمت اور بڑھ جاتی ہے۔

بادشاہان مغول کی ملک ہندوستان میں تعمیر و ترقی، تہذیب وثقافت، اصول حکمرانی اور باغات سے ملک کو دلہن کی طرح سجایا۔ ان کا ذکر تاریخ ''ہمایوں نامہ'' میں ملتا ہے۔ جیسے قائم معمار نے آگرہ میں عہد بابر میں عمارتیں بنائیں۔

بابر بادشاہ نے سال ۹۳۷ھ کو وفات پائی۔ گلبدن بیگم

نے لکھا ہے کہ جب بادشاہ سلامت نے وفات پائی۔ ان کی کہی ہوئی نصیحت کو بھی لکھا ہے۔ بابر بادشاہ نے فرمایا ہمایوں کو میری جگہ تصور کریں۔ ہمایوں بادشاہ تجھے اور تیرے سبھی بھائیوں کو اور امرا کو باری تعالیٰ کے سپرد کرتا ہوں۔ امید کرتا ہوں کہ تم سب کے ساتھ نیک سلوک کروگے۔ یہ باتیں سن کر سب کی آنکھوں میں آنسو آ گئے۔ بادشاہ سلامت اس جہان فانی سے عالم جاودانی کی طرف کوچ کیے۔ یہ واقعہ ۹۳۷ھ کو پیش آیا۔

بابر بادشاہ کی وفات کے بعد ہمایوں بادشاہ تخت نشین ہوئے۔ بنگال کی کشمکش اور علاقہ چنادہ کو بادشاہی سلطنت میں شامل کرنے کے بارے میں لکھا ہے۔ تاریخ ہمایوں نامہ میں ہمایوں بادشاہ کے چنادہ سے واپسی پر بہت انتظام کیا ، مرصع تخت، زردوزی خیمے اور شامیانے لگائے گئے پر تکلف دعوت اور کئی دن تک جشن رہا۔ ہمایوں بادشاہ کی والدہ ماہم بیگم سال ۹۴۰ھ کو میں عالم فانی سے رخصت ہوگئیں۔ گلبدن بیگم نے لکھا ہے کہ ماہم بیگم عہد بابر اور ہمایوں میں ہر امور میں پیش پیش رہیں۔

گلبدن بیگم نے ''ہمایوں نامہ'' میں مرزا ہندال کے جشن شادی کا بھی ذکر کیا ہے جس میں طوی طلسم کی رسم شادی کا ذکر کیا ہے۔ طوی یعنی وہ مکان جہاں جشن کیا گیا اور طلسم یعنی ایک بڑا سا ہشت پہلو کمرہ۔ بیچ میں ایک ہشت پہلو ہوض۔ ہوض کے بیچ میں ایک ہشت پہلو تخت اور اوپر ایرانی قالینوں کا فرش۔ ساز و نواز اور خوش آواز گوئیوں کے بیچ تخت پر بٹھایا گیا۔ سبھی لوگوں نے شرکت کی۔

گلبدن بیگم کی تحریر شدہ تاریخ ''ہمایوں نامہ'' عہد مغول ہند کی تاریخی سیاسی کے ساتھ ساتھ اس دور کی تہذیب و ثقافت کو بیان کیا ہے۔ رسم شادی کی جیتی جاگتی تصویر کو بیان کیا ہے۔ اس کے علاوہ شادی میں مرزا ہندال کو زردوزی تاج دیا گیا اور دلہن سلطانم بیگم کو گلے کا ہار دیا گیا۔ جو کہ آج کی ہندوستانی شادی کے رسم و رواج کے دلکش منظر کو بیان کرتی ہے۔ تاریخ ''ہمایوں نامہ'' مغول ہند کی تاریخ میں اپنی جداگانہ خصوصیات کی وجہ سے ایک خاص اہمیت رکھتی ہے۔

گجرات کی مہم کا ذکر تاریخ '' ہمایوں نامہ'' میں ہے۔ ہمایوں بادشاہ گجرات کی طرف روانہ ہوئے۔ سلطان بہادر کو شکست ہوئی۔ اگرچہ ہمایوں بادشاہ نے گجرات کے کچھ علاقے مرزا عسکری اور یادگار ناصر کو دیے مگر ان دونوں نے آگرہ جانے کی تیاری کی اس طرح ہمایوں بادشاہ گجرات سے مجبوراً آگرہ آئے۔

بنگال کی فتح کے بعد بھی ایسا ہی ہوا۔ شیر شاہ ہمایوں بادشاہ کا حریف نمودار ہوا۔ دوسری طرف مرزا عسکری اور امرا کی بے وفائی کی وجہ سے ہمایوں بادشاہ کو شکست ہوئی۔ مرزا ہندال اور بعض امرا کی وجہ سے دہلی میں نامساعد حالات پیدا ہو گئے۔ کامران مرزا بھی دہلی آ گئے۔ گلبدن بیگم نے ہمایوں نامہ میں یہ صاف ظاہر کیا ہے کہ شہزادے، امرا کے بہکاوے میں آ کر شورش کرتے تھے۔ بابر بادشاہ نے اپنے وقت میں ہمایوں کو نصیحت کی تھی کہ میں آپ اور سبھی شہزادوں اور شہزادیوں کو باری تعالیٰ کے سپرد کرتا ہوں۔ آپ سے وفاداری کی امید کرتا ہوں۔ ہمایوں بادشاہ نے بھی ویسا ہی کیا لیکن بعض شہزادوں اور امراء کی وجہ سے نامساعد حالات پیدا ہوگئے۔ شیر شاہ سوری سے بھی ہمایوں بادشاہ کو شکست ہوئی۔ ہمایوں بادشاہ نے لاہور اور سندھ کے راستے ایران کا رخ کیا۔ گلبدن بیگم کچھ عرصہ مرزا کامران کے ساتھ رہیں۔

گلبدن بیگم نے ''ہمایوں نامہ'' میں لکھا ہے کہ ہمایوں بادشاہ کو خواب میں ایک فقیر آئے۔ خواب میں دیکھا کہ ان کے ہاں ایک لڑکا پیدا ہوگا۔ خواب کے مطابق پیدائش کے وقت اس کا نام جلال الدین محمد اکبر رکھا گیا۔ اس کے بعد ہمایوں بادشاہ نے ملتان

اور بکھر کا رخ کیا۔ یہاں سلطان محمود خان اور شاہ حسین کی طرف سے برابر فساد ہوتا رہا۔ان ہی دنوں ان کی شادی حمیدہ بانو بیگم سے ہوئی۔

ہمایوں بادشاہ کو راستے میں کوچ کے دوران بہت پریشانی دیکھنی پڑیں۔جیسلمیر کے راجہ اور راجہ مال دیو سے جنگ ہوئی اور دوسری طرف امر کوٹ کے راجہ نے آپ پر بہت عنایت کی۔ ہمایوں بادشاہ کے ہاں ۹۴۹ ھ کو بچہ پیدا ہوا اور جلال الدین محمد اکبر نام رکھا گیا۔اس وقت ہمایوں بادشاہ علاقۂ پرگنۂ جون میں تھے۔وہاں امرا کا منتشر ہونا ہمایوں بادشاہ کے لیے پریشانی کا سبب بنا۔

مرزا ہندال کراچہ خان کی طرف سے قندھار گئے۔قندھار مرزا ہندال کو دے دیا۔ مرزا عسکری غزنی تھے اور کامران مرزا کی قندھار میں مداخلت اور ازبکوں کا خطرہ بھی تھا۔ مرزا کامران کی وجہ سے عہد ہمایوں میں کافی نشیب وفراز ہوئے۔ ہمایوں بادشاہ سرانجام خراسان پہنچے۔ جب شاہ طہماسب ایران کے بادشاہ نے ہمایوں کے آنے کی خبر سنی تو اشراف واکابر،صغیر و کبیر اور بہت سارے امرا کو بھیجا۔شاہ طہماسب کے بھائی سام مرزا، بیرم مرزا اور القاسم مرزا سب ملاقات کو آئے۔ یہ سبھی ہمایوں بادشاہ سے گلے ملے اور اپنے ساتھ لے گئے۔بادشاہ شاہ طہماسب خود آئے۔آخر کار دونوں بادشاہ ایک دوسرے سے رخصت ہوئے۔ہمایوں بادشاہ نے قندھار کا رخ کیا۔ ہمایوں بادشاہ کی مدد کے لیے شاہ طہماسب ایرانی نے اپنے بیٹے سلطان خان اور امرا کو ساتھ بھیجا۔

گلبدن بیگم نے مرزا کامران کا تشدد کابل بیان کیا ہے۔ ہمایوں بادشاہ کو فتح ہوئی۔ہمایوں بادشاہ واحد بادشاہان مغول ہند میں سے ہیں جنھوں نے اپنی کھوئی ہوئی سلطنت کو دوبارہ حاصل کیا۔لیکن امرا اور شہزادوں کی بے وفائی، ہمایوں بادشاہ کی شکست کا سبب تھی۔مرزا ہندال بھی شہید ہوئے۔مرزا کامران کو کامیابی نہ ملی۔مرزا کامران کو گرفتار کر کے سید محمد کے حوالے کر دیا گیا۔گلبدن بیگم کے ''ہمایوں نامہ'' کا تجزیاتی مطالعہ اسی پر ختم ہوجاتا ہے۔

☆☆

حوالہ جات:

۱۔گلبدن بیگم، ہمایوں نامہ، مترجم عثمان حیدر مرزا، ترقی اردو بیورو، نیو دہلی،۱۹۹۴م، ص ۱۴

۲۔ گلبدن بیگم، ہمایوں نامہ، مترجم رشید اختر ندوی، سنگ میل پبلی کیشنز، چوک اردو بازار لاہور،۱۹۹۶م

۳۔محمود علی،مغل شہزادیاں، شوبی آفیسٹ پریس، دریا گنج دہلی، ۲۰۰۰م

۴۔دکتر آفتاب اصغر، تاریخ نویسی فارسی در ہندو پاکستان، خانہ فرہنگی جمہوری اسلامی ایران، لاہور پاکستان،۱۳۶۳ ہجری

۵۔ ڈاکٹر سر سید احمد خان،آثار الصنادید، اردو بازار جامع مسجد دہلی، ۱۹۶۵ م

۶۔ ابوالفضل علامی، اکبر نامہ، منشی نول کشور، ۱۸۸۱ م

نفیسہ خالد

قاضی عبدالستار کی تاریخی ناول نگاری (داراشکوہ کے حوالے سے)

آزادی کے بعد اردو فکشن کو جن قلم کاروں نے آبرو بخشی ان میں قاضی عبدالستار کو امتیازی حیثیت حاصل ہے۔ یوں تو آپ نے افسانہ نگاری اور شاعری تک میں حسن قبول حاصل کیا ہے مگر ان کی ناول نگاری نے موضوع کی یکسانیت کے باوجود سحر آفریں اسلوبِ نگارش سے اسے توانا اور تونگر بنا دیا ہے انہوں نے اردو ناول کو نئی وسعت اور نئی جہت سے روشناس کرایا۔ تاہم ناول نگاری میں بھی غیر معمولی مقبولیت انھیں تاریخی ناول لکھنے سے ملی ہے، قاضی صاحب کے قلم میں ماضی کی تابناک یادوں اور کھوئے ہوئے ماحول کو دوبارہ زندہ کرنے کی حیرت انگیز قوت موجود ہے۔ قاضی صاحب کا اپنا منفرد اسٹائل، لب ولہجہ اور انداز بیان ہے۔ تاریخی ناول لکھتے وقت آپ کا مشاق قلم بیک وقت تاریخ اور فکشن دونوں کا حق ادا کرتا نظر آتا ہے۔

تقسیم ہند کے بعد جس طرح کا ماحول پیدا ہو گیا تھا اس میں لوگ تاریخ کی طرف رجوع کرنے لگے تھے، لہٰذا قاضی صاحب نے وقت کی ضرورت اور سماجی نفسیاتی ترجیحات کے پیش نظر انھیں موضوعات کو اپنے فن میں پیش کیا اور صلاح الدین ایوبی اور خالد بن ولید جیسے اسلامی ہیروز کو موضوع بنا کر مسلمانوں میں تابناک ماضی کی گرمی اور حرارت پیدا کی اور داراشکوہ کو ہندوستان کی مشترکہ تہذیب اور اکبری افکار کا امین بنا کر پیش کیا۔

قاضی صاحب کے تاریخی ناول نگاری کا انفرادی وصف یہ ہے کہ وہ اپنے ہیروز کے افعال واعمال سے نہ صرف ناول کے صفحات کو سیاہ کرنے کا ہنر جانتے ہیں بلکہ ان کی جیتی جاگتی تصویر یں بھی یوں نقش کر دیتے ہیں کہ قاری حیرت واستعجاب سے دوچار ہوتا ہے۔ قاضی صاحب کے یہاں محض مرکزی کردار ہی اہم نہیں بلکہ وہ تاریخی وتہذیبی فضا بھی اہمیت رکھتی ہے جس میں ان کرداروں کی نشوونما ہوئی ہے۔

اردو میں تاریخی ناول نگاری کی روایت جو عبدالحلیم شرر سے شروع ہوئی تھی وہ محمد علی طبیب، صادق سردھنوی، راشد الخیری، نسیم حجازی تک پہنچتے پہنچتے تقریباً ختم ہو گئی تھی۔ قاضی صاحب نے اس دم توڑتی روایت کو از سر نو زندہ کیا اور بلندی تک لے گئے یہی وجہ ہے کہ آزادی کے بعد تاریخی ناول نگاری کے میدان میں قاضی صاحب کے شانہ بہ شانہ کوئی ناول نگار نظر نہیں آتا۔ تاریخی ناول کے ضمن میں آپ کے چار ناول ''صلاح الدین ایوبی'' ۱۹۶۴ء، ''داراشکوہ'' ۱۹۶۸ء، ''حضرت جان'' ۱۹۹۰ء، ''خالد بن ولید'' ۱۹۹۵ء منفرد اور بے مثال ہیں جن کا مطالعہ آپ کے بلند خیالات اور پختہ ذہن کی عکاسی کرتا ہے۔

تاریخی ناول لکھنا ایک مشکل وپیچیدہ امر ہے، جس میں فنکار کو زیادہ محتاط رہنے کی ضرورت پڑتی ہے۔ ایک طرف تاریخ سے مکمل واقفیت حاصل کرنا ضروری ہوتا ہے تو دوسری طرف بحیثیت فن ناول کے اجزائے ترکیبی پر بھی توجہ صرف کرنی پڑتی ہے۔ مگر قاضی صاحب نے یہاں بھی اپنی صلاحیت کا لوہا منوایا ہے۔ وہ تاریخی ناول لکھتے وقت عہد کی مرقع کشی اسی عہد کی گہرائی میں گم ہو کر کرتے ہیں اور تاریخی حقائق پر افسانوی تخیل کی پرت اس طرح چڑھاتے ہیں کہ نہ تو تاریخی صداقت مجروح ہوتی

ہے اور نہ ہی فن میں کسی طرح جھول آتا ہے بلکہ تاریخ اور تخیل کی متوازن آمیزش ان کے تاریخی ناولوں کی مرقع نگاری کو بہت بامعنی بنا دیتی ہے۔ قاضی صاحب کے تاریخی ناولوں کے متعلق احسن فاروقی لکھتے ہیں:

''قاضی عبدالستار کے ناولوں سے عالمی معیار کی خوشبو آتی ہے۔'' ۱

قاضی صاحب ایک جگہ خود لکھتے ہیں کہ ادبی تقاضوں کو ملحوظ رکھنے کے ساتھ ساتھ میں اپنے ناولوں میں موجود ایک ایک لفظ کے لئے تاریخ کی عدالت میں جواب دہ ہوسکتا ہوں۔ تاریخی ناول نگاری کی طرف اپنے میلان کی وجہ سے وہ خود لکھتے ہیں:

''اصل میں ہوا یہ کہ میں نے جو اردو کے تاریخی ناول پڑھے تو مجھے یہ احساس ہوا کہ تاریخ کے ساتھ ان ناول نگاروں نے انصاف نہیں کیا۔ اس کے بعد جب میں نے یوروپین تاریخی ناول پڑھے تو محسوس ہوا کہ انھوں نے تاریخ کے ساتھ انصاف کیا ہے اور ناول کے ساتھ بھی انصاف کیا ہے........تاریخی ناول جب آپ لکھنا چاہتے ہیں تو پورے ایک عصر کی زندگی کو دوبارہ تخلیق کرنا چاہتے ہیں۔ اس کے لیے ضروری ہے کہ اس پورے عصر کی زندگی کو آپ اپنی ہتھیلی پر دیکھ سکنے کی طاقت رکھتے ہوں۔ کسی زمانے کی زندگی کا وہ انتخاب جو آپ ناول میں پیش کرنا چاہتے ہیں اس کی ایک ایک سطر کے لیے آپ تاریخ کی عدالت میں جواب دہ ہیں اس لیے آپ کو بہت زیادہ مطالعہ کرنا پڑے گا میرے پاس تقریباً ۶۰۰ صفحے میں صلاح الدین ایوبی پر نوٹس ہیں میرے پاس تقریباً ۷۰۰ صفحوں میں داراشکوہ پر نوٹس ہیں۔'' ۲

قاضی صاحب نے ''داراشکوہ'' لکھ کر مغلیہ سلطنت کی زریں تاریخ کو ادب میں زندہ جاوید بنا دیا ہے۔ درج بالا ناول میں وہ دارا کے سیاسی عروج وزوال کو پیش کرتے ہیں۔ ساتھ ہی اقتدار کے حصول کے لیے چاروں بیٹوں اور بھائیوں کے مابین کشمکش بھی دکھائی گئی ہے۔ ہمایوں کا اپنے چہیتے بیٹے شاہجہاں سے جانب داری اور اورنگ زیب کا اپنی حکمت عملی اور سیاسی داؤپیچ سے واقف ہونے کے سبب تخت وتاج پر قابض ہونے جیسے حقائق سامنے آئے ہیں۔ ناول مغلیہ سلطنت کی مشترکہ تہذیب واقدار کا ترجمان نظر آتا ہے اور دارا ایک حق پرست، مشترکہ تہذیب واقدار کا ترجمان، اکبر اعظم کا ولی عہد اور شعر وادب کا معمار بن کر سامنے آتا ہے۔ قاضی صاحب لکھتے ہیں:

''ساموگڑھ کے سینے میں وہ میزان نصب ہوئی جس کے ایک پلڑے میں روایت تھی اور دوسرے میں دل۔ ایک طرف سیاست تھی دوسری طرف محبت، ایک طرف فلسفۂ حکمت تو دوسری طرف شعروادب اور سب سے بڑھ کر یہ کہ ایک طرف تلوار تھی اور دوسری طرف قلم۔'' ۳

شہنشاہ شاہجہاں نے اپنی ضعیف العمری میں ہی اپنی سلطنت کو چار بیٹوں میں تقسیم کر دیا تھا۔ داراشکوہ، شاہزادہ شجاع، شاہزادہ اورنگ زیب، شاہزادہ مراد، مگر شاہزادہ بزرگ داراشکوہ کو

ولی عہد مقرر کر دیا تھا۔ شہنشاہ شاہجہاں کی اس تقسیم سے اورنگ زیب مطمئن نہ ہو سکا۔ اس کا اقتدار پسند، سازشی ذہن و دل نے پورے ملک پر اپنی سلطنت قائم کرنے کا منصوبہ بنایا اور اس کی تکمیل کے لیے اس نے اپنے بھائی کے خون سے ہاتھ رنگ لیے۔

جبکہ ناول میں دارا ایک سلجھا ہوا، انصاف پسند اور روادار شخصیت کا مالک نظر آتا ہے، جس کے نزدیک مذہب وملت کی تفریق نہ تھی۔ وہ ویدوں اور اپنشدوں کا علم رکھنے والا شاعر ادیب، عالموں کا قدر دان اور صوفی منش انسان تھا۔ وہ انتہائی نرم دل اور ہر مذہب کا احترام کرنے والا تھا، جس کا اندازہ ناول کے ابتدائی قصے سے ہی ہوتا ہے۔

''گنگا جمنا کے سنگم پر پڑے یاتریوں کی طرف سے ایک عالم دارا کے دربار میں حاضر ہوکر محصول کے زیادہ ہونے کی شکایت کرتا جس کو دارا نے فوراً معاف کر دیا۔''

شاہجہاں اس محصول کو معاف نہیں کرنا چاہ رہا تھا مگر دارا کی محبت میں انھوں نے اسے معاف کر دیا اور دارا کو آئین سیاست سے ناآشنائی اور سیاسی داؤ پیچ سے عدم واقفیت کا اندازہ نہ ہونے کی شکایت کی اور درج ذیل مشوراتی کلمات سے نوازا۔

''تم کو تخت طاؤس پر جلوس کرنا ہیا ور اس عظیم الشان سلطنت کا فرمانروا ہونا ہے، تمہاری ایک جنبش لب ہزاروں لاکھوں جلیل القدر انسانوں کی تقدیر بنا سکتی ہے اور مٹا سکتی ہے، اس لیے دارا شکوہ بابا کو یہ زیب نہیں دیتا کہ وہ چند آنسوؤں کی گرمی سے پگھل جائے۔'' ۴

مگر مصنف نے دارا شکوہ کے جواب کو جس حسن خوبی سے بیان کیا ہے وہ انھیں کا خاصہ ہے۔ جس سے ایک طرف مصنف کے اس وژن کو تقویت ملتی ہے جو اس نے مرکزی کردار کے تئیں پیش کرنا چاہا ہے دوسری طرف فرمانرواؤں کے اعلیٰ خیالات اور قانونی لب و لہجے کا بھی پتا چلتا ہے۔ دارا نے دونوں ہاتھوں کو سینے پر باندھا اور مضبوط لب و لہجے میں یوں گویا ہوا:

''عدل جہانگیری اور فضل شاہجہانی نے غلام کو یہ تعلیم دی ہے کہ ہم کو اپنی رعایا کے ساتھ یکساں سلوک کرنا چاہئے نہ صرف یہ بلکہ ہندوؤں کو اس طرح نوازنا چاہئے کہ وہ یہ بھول جائیں کہ ان کا شہنشاہ مغل ہے، مسلمان ہے ...... صدیوں کی محکومی نے انھیں اپنی تاریخ، تہذیب اور تعلیم سے بیگانہ کر دیا ہے...... ان کا اعتماد و استقلال مر چکا ہے، ہماری کوشش ہے کہ ان کو عہد شاہجہانی کی برکتوں میں برابر کا شریک بنائیں۔ شریک غالب بنائیں، جو مر رہے ہیں ان کو صحت دیں اور جو مر چکے ہیں ان کو زندہ کر دیں۔'' ۵

مصنف نے دارا کی شخصیت کی پیکر تراشی کرتے وقت بھی ان رموز کو واضح کیا ہے کہ جس سے مذہبی رواداری صاف جھلکتی ہے۔ ساتھ ہی والد محترم سے محبت اور وفاداری کا بھی اندازہ ہوتا ہے جس سے اورنگ زیب عاری نظر آتا ہے۔ دارا کی زمانہ شناس، دور اندیش بہن چاہتی تھی کہ دارا شاہجہاں کی حیات میں ہی تاج پہن کر تخت وطاؤس پر متمکن ہو جائے تاکہ اورنگ زیب سے کسی طرح کا خطرہ محسوس نہ ہو۔ مگر دارا کا دردمند اور محبت بھرا دل اس بات کے لیے راضی نہ ہوا کہ وہ اپنے والد کی موجودگی میں تخت طاؤ

س پر متمکن ہو۔ داراتخت طاؤس کی حفاظت کے لیے اپنی جان کی بازی لگا سکتا تھا مگر ظل سبحانی کی حیات مبارکہ میں اس کی حرمت کو اپنے قدموں سے برباد نہیں کرسکتا۔ دوسری طرف اورنگ زیب جس نے اپنے خواب کو شرمندہ تعبیر کرنے کے لیے دارا کے مذہبی عقائد ونظریات کو نشانہ بنایا اور عوام کو اس کے خلاف بھڑکانا شروع کیا اور اس کے خاص خاص لوگوں کو خطاب، دولت اور خوبصورت رقاصاؤں کا لالچ دے کر دارا سے علی حدہ کردیا، اور جامع مسجد پر پرچے چسپاں کرا دیئے جس میں دارا کے لباس اور مذہبی ساز باز کو نشانہ بنایا گیا تھا اور اسے اسلام دشمن ثابت کرنے کی کوشش کی گئی تھی۔ان چسپاں کاغذات سے یہ باور کرانے کی سعی کی جارہی تھی کہ مغلیہ سلطنت خطرے میں ہے۔ اسلام خطرے میں ہے:

> ''خطرہ! جو ہندوستان کی خلافت اسلامیہ کے سر پر منڈلا رہا تھا آج سونتی ہوئی تلوار کے مانند سامنے آگیا۔ ظل اللہ کا چراغ حیات جھلملا رہا ہے اور شاہزادۂ بزرگ ''دارا شکوہ'' جس کو نماز سے نفرت، روزے سے عداوت، حج سے بغض اور زکوٰۃ سے حسد ہے، شہنشاہی کے منصوبے بنارہا ہے۔ تخت طاؤس پر وہ شخص اپنے ناپاک قدم رکھنے والا ہے، جو خدا کا منکر ہے۔ رسول اللہ کی رسالت کا انکاری ہے، جو پربھو کے نام کی آرسی اور مکٹ پہنتا ہے، بظاہر جوگیوں اور سنتوں کا مداح ہے لیکن بباطن راجپوتوں کی تلواروں کا سہارا لے کر ہندوستان جنت نشان سے اسلام کو خارج کر دینے کا منصوبہ بنا چکا ہے۔ برادران اسلام !ہندوستان کے قاضیان عظام اور مفتیان کبار کا دعویٰ ہے کہ ایسے شخص کے خلاف تلوار اٹھانا جہاد ہے، جہاد اکبر ہے۔ آج تمہاری عبادت، تہجد کی نمازوں اور نفل کے روزوں میں نہیں گھوڑوں کی رکابوں اور تلواروں کے قبضوں میں محفوظ ہے۔ شیروں کی طرح اٹھو اور کفر پر اس کا دروغ ثابت کردو'' ٦

جامع مسجد کی دیواروں پر آویزاں ان پرچوں نے مغلیہ سلطنت میں زلزلے پیدا کردیئے۔ دارا اور اس کی بہن کو خطرے میں ڈالنے کے ساتھ ساتھ اس کے خیرخواہوں کی نیندیں حرام کردیں۔ دارا نے اپنے بہی خواہوں کے مشورے سے جامع مسجد میں جمعہ کی نماز ادا کرنے اور عوام سے خطاب کرنے کا فیصلہ کیا تاکہ ان افواہوں کی تردید کرسکے جو اس کے تئیں پھیلائی جارہی تھیں۔ مگر تاریخ بتاتی ہے کہ اورنگ زیب کا یہ پہلا وار کام کر چکا تھا اور عوام نے اپنی آنکھوں سے جمعہ کے خطبے میں دارا کے لباس اور اس میں موجود ہندوازم کے نشان کو دیکھ کر تصدیق کرلی تھی تاہم دارا کے وزیر نے جامع مسجد جاتے وقت اس سے گزارش کی تھی کہ وہ اس لباس کو زیب تن نہ کریں جس کے خلاف عوام میں زہر گھولا جارہا ہے مگر دارا جیسا وسیع النظر اور صاف دل شخص اس کے لیے راضی نہ ہوا اور اس نے سخت الفاظ میں اس کی تردید کی اور جواب دیا:

> ''رائے رایان، تم دارا شکوہ کو دربار کا مسخرہ سمجھتے ہو؟ جو چند جگمگاتے انگاروں کی خاطر گرگٹ کی طرح ایک وقت میں دس رنگ بدل سکتا ہے، ظل سبحانی نے مابدولت کو ولی عہد فرمایا ہے.........اس لیے مابدولت سلطنت کو

اپنا حق خیال فرماتے ہیں ورنہ تو یہ تخت طاؤس ہے۔ دنیا اگر تخت سلیمانی بھی بچھا بھی دے تو دارا اپنے اصولوں کی بھینٹ چڑھا کر اس پر جلوس فرمانا کسر شان خیال فرمائے گا۔'' ۷

مصنف نے اس کے ذریعے سے دارا کے مضبوط و مستحکم کردار کی تصویر ابھاری ہے کہ دارا بے بنیاد افواہوں کی بنا پر اپنے حلیے اور قوانین دونوں کو بدل دے۔ ان ثانوی باتوں سے بے پروا اس نے بڑے کروفر سے ایک خطبہ دیا جس سے اس کے مذہبی لگاو اور خدائے واحد پر ایمان رکھنے کی توضیح ہوتی ہے۔ اس کے نزدیک سیاست مذہب سے الگ دیکھنے کی چیز نہیں بلکہ انسانیت کے حوالے سے دیکھی جانے والی شے ہے۔ وہ اپنے خطبے میں کہتا ہے:

> ''لوگو! انسان پر دو قسم کے فرائض عائد کیے گئے ہیں، ایک جو اس کے اور اس کے پروردگار کے مابین ہوتے ہیں اور دوسرے وہ جو اس کے اور دوسرے انسانوں کے مابین۔ خدا کے حقوق کی ادائیگی کا پیمانہ وہ عبادات ہیں جن کا مذہب نے ہمیں حکم دیا ہے۔ سماج کے حقوق کی ادائیگی کا اظہار ہمارے وہ اعمال ہیں جو ہم اپنی مدنی زندگی میں انجام دیتے ہیں۔
>
> لوگو!
>
> ہم پر الزام لگایا گیا ہے کہ ہم نماز نہیں پڑھتے، روزہ نہیں رکھتے، تو بھی ہم کو ہمارے حال پر چھوڑ دو اور اس دن کا انتظار کرو، جب سورج سوا نیزے پر ہوگا اور ہمارا حساب ہوگا۔
>
> لیکن........
>
> اگر ہم نے شراب پی کر تمہارے حقوق کو پامال کیا ہو، تمہاری مقدس عورتوں پر محرمانہ نگاہ کی ہو تم سے قرض مانگا ہو اور ادا نہ کیا ہو........
>
> تو تم خدا کی قسم اس ذات کی جس کو تم عزیز رکھتے ہو کھڑے ہو جاؤ اور اس مقدس مقام پر اپنا حق مانگو اگر ہم عاجز ہو جائیں تو ہماری بوٹیاں اڑا کر اسی شاہجہانی مسجد کی سیڑھیوں پر ڈال دو۔'' ۸

دارا کے اس خطبے سے اندازہ ہوتا ہے کہ وہ کتنا مذہبی اور انسانیت کا علم بردار ہے۔ ساتھ ہی حقوق اللہ اور حقوق العباد دونوں سے بخوبی واقف ہے اور آخرت کی جزا و سزا پر پختہ عقیدہ رکھتا ہے۔ اس کا خواب تھا کہ وہ ایسی حکومت قائم کرے جہاں تفریق مذہب وملت نہ ہو کر یکساں حقوق و مساوات کا بول بالا ہو ہر ایک چین و سکون سے عدل و انصاف کے ساتھ زندگی بسر کرے جہاں کسی طرح کی تنگی اور تاریکی کا دخل نہ ہو۔ یہی سبب ہے کہ اس نے رعایا کی خاطر جتنا کام مسجدوں میں کرایا اتنا ہی زور مندر کی تعمیر و مرمت پر بھی صرف کیا تاکہ کسی طرح کی ناانصافی کا شائبہ نہ ہو۔ مگر اس کے اسی خیال کو نئے معنی پہنا کر عوام کو متنفر کرنے اور بھڑکانے کا وسیلہ بنایا گیا۔ بہ قول عصمت برائی کو پھیلنے یا کسی وسیلے سے اسے پھیلانے میں وقت نہیں لگتا جب کہ اچھائی ثابت کرنا مشکل ہو جاتا ہے۔ لہٰذا تاریخ نے بھی دارا کے ساتھ اس مقولے کے مصداق عمل کیا اور اورنگ زیب کی فتنہ پردازیاں رنگ لائیں اور عوام میں اس کے مذہب کو بنیاد بنا کر چہ مگوئیاں نظر آنے لگیں۔ درج ذیل اقتباس سے اس کا بہ خوبی اندازہ ہوتا ہے۔

''دلن میاں لاؤ دھیلے کا ہریسا آج اور کھلا دو'

''یہ آج کی شرط کیا لگادی ۔ میاں جی ۔ اللہ چاہے گا تو دلن کے مرنے کے بعد بھی کھاتے رہوگے، کس خواب خرگوش میں پڑے ہو دلن میاں کل دارا جی مہا راج سنگھاسن پر براج ہوئے تو پرسوں سے گوشت کا قصہ ختم ہی سمجھو۔ بس یہ سمجھو زعفران کی جس گھڑی اس نے تاج پہنا، وہ ہندو گردی ہوگی کہ سات سو برسوں کی حکومت کا خمار سات گھنٹوں میں اتر جائے گا۔'' 9

مغلیہ سلطنت کی چوکھٹ پر پھر اس گھڑی نے دستک دی جس کا مورخوں کو بے صبری سے انتظار تھا۔ کسی مستحکم اور توانا سلطنت میں ایسی گھڑیاں بار بار نہیں آتیں لیکن جب آتی ہے تو صرف تاریخ نہیں بدلتی بلکہ بڑے بڑے شہنشاہوں کی تقدیریں بدل جاتی ہیں ۔ مغلیہ تاریخ میں بھی یہ گھڑی آئی جب عہد اکبری کی مشترکہ وراثت اور دارائی افکار کو اورنگ زیب کی دارائی کے ہاتھوں بسمل ہونا پڑا۔

قاضی صاحب اپنے تاریخی ناولوں میں بطور شاہ کردار ایسے اشخاص کو پیش کرتے ہیں جو مذہبی رواداری، سیکولرزم، نظریاتی وسعت اور انسانیت کے پیکر ہیں ۔''داراشکوہ' اور ''غالب'' ہندستانی معاشرے کے اس دھارے کی نمائندگی کرتے ہیں جہاں ہندو مسلم اتحاد پر مبنی مشترکہ کلچر، تعمیر، رقص ۔ موسیقی اور سیاست اپنے مثبت اور انسان دوست پہلوؤں میں خود کو آشکار کرتی ہے ۔ صلاح الدین ایوبی اور خالد بن ولید مخصوص فرقے کے ہیرو یا نمائندے ہیں مگر قاضی صاحب نے ان کے یہاں بھی مذہبی رواداری اور انسان دوستی کو ہی اجاگر کیا ہے جو بلا شبہ قاضی صاحب کے وسیع المشرب اور انسان دوست ہونے کا غماز ہے۔

قاضی صاحب کے ناولوں میں علمیت اور تخیل کا بھرپور مظاہرہ ہوا ہے ۔ وہ اپنے تجربات، مشاہدات اور فنی صلاحیتوں سے اپنے تاریخی ناولوں میں پیش کردہ عہد کی زندگی کی از سر نو اور تاریخی فضا کو برقرار رکھنے پر خصوصی توجہ صرف کرتے ہیں اور ماضی کو حال کے آئینے میں دکھانے کی سعی کرتے ہیں ۔ قاضی صاحب کے تاریخی ناولوں کا مطالعہ کرتے وقت ستیہ پال چگھ کی یہ بات سچ معلوم لگتی ہے۔

''تاریخ ماضی کو دیکھنے کے لئے ایک دوربین کی حیثیت رکھتی ہے جو دور کی چیزوں کو بھی دلکش بناتی ہے ۔ اور تاریخی ناول ایک پل ہے جو حال اور ماضی کی کھائی کو برابر کر دیتا ہے۔''

ستیہ پال چگھ اتیہاسک اپنیاس ۔ ص: ۱۷

تاریخی ناول نگاری کا امتیازی وصف یہ ہے کی عہد رفتہ کی زندگی کو جلا بخشی جائے تاکہ قاری کے سامنے ہر واقعہ اور کردار زندہ لگے ۔ قاضی صاحب کے یہاں صرف تاریخ کی گہری بصیرت ہ نہیں ملتی بلکہ ان کے یہاں تحریر کردہ ایک ایک جملہ تاریخ کی بھٹی میں تپ کر ناول کے سانچے میں آتا ہے ۔ جزئیات نگاری پر بھی آپ کو عبور حاصل ہے ۔ خصوصاً میدان جنگ کا نقشہ کھینچتے وقت وہ جن جزئیات کا خیال رکھتے ہیں اس سے پورا جنگ کا میدان صاف نظر آتا ہے۔

''رنگا رنگ باگاہوں، شامیانوں، خرگاہوں، سرا پردوں، خیموں، سراچوں، قناتوں اور چھولداریوں کے محلات و باغات و مکانات

آباد نظر آتے ، وسط میں سات درجوں ، پانچ کلسوں اور دو منزلوں والی قرمزی مخمل وزر بفت و بانات کی وہ فلک بارگاہ کھڑی تھی جس کے ایک ایک اطلس شہپر کو روئے زمین کو سب سے بڑی سلطنت کے جلیل المرتبت شہنشاہ شاہجہاں کے آنسوؤں کی خلعت میں ملبوس دعائیں تھامے ہوئے تھیں بارگاہ کے گرد سرخ بانات کی قناتوں کا حصار تھا ، جس کے چہار جانب پاکھروں میں ڈوبے گھوڑوں پر آہن پوش سواروں کا ناپید کنار سمندر موجیں مار رہا تھا ۔اور آسمان سے باتیں کرتے ہوئے کلس طوغ وعلم اور ماہی مراتب کی سنہری ڈانڈیں پکڑے غلاموں کی طرح کھڑے تھے ، پیش کار کے لق ودق میدان میں سیکڑوں جنگی آراستہ ہاتھیوں سے لبریز تھا۔'' ۱۰

قاضی صاحب کے تاریخی ناولوں کو پڑھتے ہوئے یہ اندازہ ہوتا ہے کہ انھیں منظر نگاری اور ماحول سازی کرنے کا ملکہ حاصل ہے ۔وہ اپنے ناولوں میں متنوع زندگی کے رنگ برنگ پہلوؤں کو متعلقہ حالات ، واقعات ، مقامات ، رسومات ، تقریبات ، جنگ وتصادم اور دیگر مصروفیات کی منظر نگاری ایسی فن کاری سے کرتے ہیں کی قاری یہ محسوس کرتا کہ وہ ناول پڑھ نہیں رہا ہے بلکہ فلم دیکھ رہا ہے ۔خصوصا داراشکوہ میں مغلیہ سلطنت کی شان وشوکت ، درباریوں کی نشست و برخاست ، محاذ جنگ پر لشکر کشی کی بہترین منظر نگاری کی ہے ۔ساموگڑھ کے میدان جنگ میں دو بھائیوں کے درمیان لڑی جانے والی تاریخی جنگ کی جیسی تفصیلات قاضی صاحب نے پیش کی ہیں اس کی مثال کہیں اور نہیں ملتی ۔ مصنف نے اپنے تاریخی ہیرو ''دارا شکوہ'' کی گرفتاری کا جو منظر پیش کیا ہے وہ ان کی صلاحیت کا لوہا ماننے کے لیے کافی ہے ۔جس سے ان کے درد کو بخوبی سمجھا جا سکتا ہے:

''جب شاہجہاں آباد کے گنجان بازاروں سے دارا کی رسوائی کا بدقسمت جلوس گزرا تو سڑکیں اور چھتیں اور چبوترے اور دروازے انسانوں سے بھر گئے ، عالم گیر اورنگ زیب نے دارا کو کوچۂ بازار میں اس لئے پھرایا تھا کہ رعایا اس کے انجام کو دیکھ لے تا کہ کسی وقت کوئی جعلی داراشکوہ کھڑا ہو کر تخت وتاج کا دعویٰ نہ کر سکے ۔ہوا یہ کہ ولی عہد سلطنت کی تقدیر کی غداری کا یہ بھیانک منظر دیکھ کر رعایا بے قرار ہوگئی ۔اس قیامت کی آہ وزاری برپا ہوئی کہ تمام شاہجہاں آباد میں کہرام مچ گیا اتنے آنسو بہائے گئے کہ اگر جمع کر لئے جاتے تو دارا اپنے ہاتھی سمیت ان میں ڈوب جاتا ۔اتنے نالے بلند ہوئے کہ اگر ان کی نوائیں سمیٹ لی جاتیں تو شاہجہانی توپوں کی آوازوں پر بھاری ہوتیں ۔'' ۱۱

مزید اسی میں اضافہ کر کے مصنف اور لکھتا ہے:

''اس مقبرے کی گود میں صرف ایک شہنشاہ آرام فرما نہیں جس کی اولاد نے ہندوستان کی تاریخ میں ایک سنہری جلد کا اضافہ کیا بلکہ وہ داراشکوہ بھی سو رہا ہے جو ایک تہذیب ، ایک

تمدن، ایک کلچر کو زندہ کرنے اٹھا تھا لیکن تقدیر نے اس کے ہاتھ سے قلم چھین لیا اور تاریخ نے اس کے اوراق پر سیاہی پھیر دی۔'' ۱۲

قاضی صاحب اردو ادب میں اسلوب کے بادشاہ کہے جاتے ہیں۔ اردو میں مولانا ابوالکلام آزاد کے بعد اگر کسی کے اسلوب کو جلیل کہا جا سکتا ہے وہ قاضی صاحب کا ہے۔ قاضی صاحب کو لفظیات پر عبور حاصل ہے الفاظ ان کی قدرت میں آ کر موم کی طرح نرم ہو جاتے ہیں جس سے وہ اپنی پسند کے مطابق بیل بوٹے و مجسمے تراشتے ہیں۔ الفاظ کی جادوگری کا یہ عالم ہے کہ قاری ایک جملے کو بار بار پڑھتا ہے۔ بلاشبہ وہ اسالیب کے بادشاہ ہیں۔ جس کا اندازہ ان کے موضوعات کے مطابق بدلتے ہوئے اسلوب سے لگایا جا سکتا ہے۔ دارا شکوہ کا اسلوب غالب کے اسلوب سے مختلف ہے اور صلاح الدین ایوبی اور خالد بن ولید کے اسالیب میں فرق نمایاں ہے۔ اردو کا یہ واحد قلمکار ہے جو اتنے متضاد اسلوب پر بیک وقت قدرت رکھتا ہے۔ افسانوی اسلوب کے سلسلے میں ان کا یہ بیان اہمیت رکھتا ہے:

'' اچھے (افسانے کو) ملکۂ حسن کے جسم کی طرح اور نئی بنی ہوئی چارپائی کی طرح تنا ہوا اور گٹھا ہوا ہونا چاہیے۔''

وہ مزید لکھتے ہیں:

'' کہانی کے میدان میں انھیں لوگوں نے کارنامے انجام دیے ہیں جو قلم کی جنبشوں اور ابرو کے چند اشاروں سے معنی کی پوری پوری دنیائیں روشن کر دیتے ہیں ماضی کے ہاتھ میں آئینہ پکڑا دیتے ہیں تقدیر کے بطن میں سوئے ہوئے مستقبل کی ایسی بشارت دیتے ہیں کہ ایک ایک تفصیل آنکھوں کے سامنے ناچنے لگتی ہے۔''

حاصل کلام کے طور پر یہ کہا جا سکتا ہے کہ قاضی عبد الستار عہد حاضر کے صف اول کے ناول نگاروں میں اہم نام ہے خصوصاً تاریخی ناولوں کے ارتقاء میں ان کے کارناموں کی اہمیت ناقابل فراموش ہے۔

☆☆

حوالہ::

۱۔ آئینہ ایام غیاث الدین۔ص:۱۶
۲۔ نیا دور لکھنو، دسمبر ۱۹۹۲ص:۹
۳۔ دارا شکوہ، قاضی عبدالستار ۲۰۰۸ عفیف آفسٹ پرنٹرس ص:۱۱۴
۴۔ ایضاً:ص۔۱۳
۵۔ ایضاً:ص۔۱۳
۶۔ ایضاً:ص۔۶۸
۷۔ ایضاً۔ص:۷۰۔۷۱
۸۔ ایضاً۔ص:۷۲۔۷۳
۹۔ ایضاً۔ص:۷۵
۱۰۔ ایضاً:ص:۱۶۴
۱۱۔ ایضاً:ص:۱۵۹
۱۲۔ ایضاً:ص:۱۶۴

توصیف مجید لون

’’آدھے گھنٹے کا خدا کی روشنی میں کرشن چندر کی افسانہ نگاری‘‘

اردو فکشن کی تاریخ میں کرشن چندر کا نام سنہری حرف سے لکھا جاتا ہے انہوں نے ادبی دنیا میں سنجیدہ ناول اور افسانے کی ایک کثیر تعداد چھوڑ کر فکشن کے پرچم کو ساتویں آسمان پر لہرایا۔ کرشن چندر ایک زود نویس فنکار ہیں انہوں نے بہت کچھ لکھا بلکہ اپنے ہمعصروں میں سب سے زیادہ لکھا۔ انہوں نے نثر کی ہر اصناف پر طبع آزمائی کی ہے۔ بچوں کے لئے بھی لکھا اور بڑوں کے لئے بھی ‘نوجوانوں کے لئے بھی اور جوانون کے لئے بھی بلکہ انہوں نے سماج سے وابستہ ہر افراد کے لئے لکھا۔ اچھے‘ برے‘ معیاری اور سطحی ہر طرح کے افسانے اور ناول لکھے ہیں۔ ان کے پاس موضوعات کا تنوع ہے ان کے موضوعات ایونوں سے لیکر میخانوں تک‘ گھروں کی چار دیواری سے لیکر بازا تک‘ محل خانوں سے لیکر جھونپڑیوں تک‘ غرض کہ انہوں نے اپنی تخلیقات میں ہر کوئی موضوع برت لیا ہے۔۔ ان کے یہاں ایسی تخلیقات ہیں جو فن کے اعلیٰ معیار کو چھوتے ہیں۔ ان کا طلسماتی انداز بیان قارئین پر جادوئی اثر ڈالتا ہے۔ ان کا ہر جذبہ اتنا شدید ہے کہ قاری متاثر ہوئے بغیر نہیں رہ سکتا۔ ان کی شاداب تحریریں عظمت کے حامل ہیں۔ محمد علی صدیقی نے ’کرشن چندر کو ایشاء کا عظیم افسانہ نگار کہا ہے‘‘۔

۱؎ محمد علی صدیقی‘ کرشن چندر اردو افسانے کا اہم باب ۱۹۹۶ء ص ۹۵۔

وزیر آغا نے کرشن چندر کو افسانے کا پیش رو کہا ہے‘‘۔ ۲؎

کرشن چندر کے افسانے۔ مرتبہ اطہر پرویز‘ ۱۹۹۶ء‘ ص ۱۰۸۔

برج پریمی نے ’’انہیں اردو افسانے کی آبرو کہا ہے‘‘ ۳؎۔

برج پریمی‘ حرف جستجو‘ ۱۹۸۲۔ ص۔ ۱۴۳

اردو افسانے کا یہ شہنشاہ ۲۶ نومبر ۱۹۱۳ء کو بھرت پور میں پیدا ہوئے۔ ان کے والد گوری شنکر پیشے سے ڈاکٹر تھے لیکن انہیں فنون لطیفہ سے دلچسپی تھی۔ انہیں اردو ادب بالخصوص شاعری سے بہت لگاؤ تھا۔ گو کہ کرشن چندر کو فنون لطیفہ سے دلچسپی ورثے میں ملی۔ کرکٹ‘ پینٹنگ ‘موسیقی‘ ڈرامہ‘ شاعری کا شوق بچپن سے ہی رہا لیکن خاطر خوہ حوصلہ افزائی نہیں ہوئی۔ ہائی اسکول میں جب شاعری کا شوق چرایا اور اپنے استاد دینا ناتھ شوق کو شاعری دکھائی انہوں نے نہ صرف بری طرح مذاق اڑایا بلکہ انہیں سخت ست بھی کہا اس طرح شاعری کا خیال بھی دیگر فنون کی طرح ذہن سے نکال دیا اور اپنا روئے سخن فکشن بالخصوص افسانوں اور ناولوں کی طرف کر دیا اور صبح قیامت تک اپنے نام کو ابد کر گیا۔ کرشن چندر کے قلم نے بچپن سے ہی اوراق ادب پر الفاظ کے جواہرات بکھیر دئے یہ جوہر ان کو کاتب تقدیر نے ودیعتیا عطا کیا تھا اس کا بین ثبوت یہ کہ انہوں نے دسویں جماعت میں ہی ایک طنزیہ مزاحیہ مضمون ’’پروفیسر ماسٹر بلیکی‘‘ کے عنوان سے گلزاری لال نندہ کے والد بلاقی رام نندہ کے بارے میں لکھا۔ ان کا پہلا افسانہ ’’یرقان‘‘ جو انہوں نے کالج کے زمانے میں ہی لکھا جب وہ ایک بار یرقان کے شکار ہو گئے صحت مند ہونے کے بعد انہوں نے اس پہ ایک کہانی لکھی جسے ان کی افسانہ نگاری کا سلسلہ چل پڑا۔

کرشن چندر کے بتیس افسانوی مجموعے‘ سنتالیس ناول ‘ڈراموں کے سات مجموعے منظر عام پر آ کے داد و تحسین حاصل کر چکے ہیں۔ آدھے گھنٹے کا خدا کرشن چندر کا ایک ایسا افسانوی مجموعہ ہے جو انہوں نے زندگی کے آخری ایام میں تحریر کیا ہے یہ افسانوی

مجموعہ انہوں نے ۱۹۶۸ء میں لکھا اور جنوری ۱۹۶۹ء میں یہ افسانوی مجموعہ منصۂ شہود پر آ گیا۔ یہ افسانوی مجموعہ سات افسانوں پر مشتمل ہیں۔افسانوی مجموعے میں ایک افسانہ'' آدھے گھنٹے کا خدا'' کے عنوان سے ہے اور اسی مناسبت سے اس افسانوی مجموعے کا نام'' آدھے گھنٹے کا خدا'' ٹھرا ہے

افسانہ'' آدھے گھنٹے کا خدا'' کا شمار کرشن چندر کے شاہکار افسانوں میں ہوتا ہے اس فسانے کا موضوع انہوں نے تقسیم ملک کے نتیجے میں پیدا ہونے والے بے شمار مسائل میں سے ایک اہم مسلئہ کو پیش کیا ہے جو سرحد کے دونوں طرف بسنے والے لوگوں کا مسلئہ ہے ۔ یہ کہانی ہے دو پریمیوں کی'ایک کا نام کاشر اور دوسرے کا نام موگری۔ کاشر ایک جانباز سپاہی جو کہ پڑوسی ملک کے سرحدی علاقے سے تعلق رکھنے والی موگری کے دامن محبت میں گرفتار ہو جاتا ہے لیکن ان کی یہ محبت وطن کی بھینٹ چڑھ جاتی ہے ۔کاشر وطن کی حفاظت کے لئے اپنے ساتھیوں کے ہمراہ گڈیالی پل پر تعینات اور موگری انیس برس کی لڑکی اپنے حسن میں یکتا علاقہ غیر کے گاؤں سے ایک ٹوکری میں پھل اٹھائے ہوئے گڈیالی پل پر آتی تھی جو کاشر اور اس کے سپاہیوں کی عملداری میں تھا۔ ناشپاتی' کیلئے آلو'بہی کے مب'انگوروں کے گچھے'اخروٹ'مکئی کے بھٹے'اور چھوٹی چھوٹی خوش رنگ خوبانیاں ٹوکری میں اسطرح سجائے ہوئے کہ انسان کو سنہری اشرفیوں کا فریب ہوتا ۔اوپر سے موگری اتنی خوبصورت کہ پل پر تعینات سپاہی چند منٹوں میں ہی اس کی ٹوکری خالی کر دیتے تھے ۔سودا سلف کے اس چکر میں کاشر اور موگری کی نظریں چار ہو کے وہ ایک دوسرے کو پسند کرنے لگے ۔رفتہ رفتہ ایک دوسرے پر دل دے بیٹھے اور ان کے درمیان محبت کا رشتہ قائم ہو جاتا ہے دونوں کے درمیان محبت کا یہ عالم طول پکڑتا گیا دونوں کا دل ایک دوسرے سے ملنے کیلئے تڑپ رہا تھا دونوں چھپے چھپائے گڈیالی کے جنگل میں عہد و پیمان کی باتیں کیا کرتے تھے۔ لیکن ان کے محبت کو کوئی تسلیم ہی نہیں کرتا۔ موگری محبت میں دل ہی نہیں بلکہ جان بھی گنوا بیٹھتی ہے ۔شاید وہ اس لئے کہ دونوں ملکوں کے درمیاں سرحد کی لکیریں کھینچی ہوئی ہیں۔

جہاں میں رنجشوں کے سب گلیشر پگھل گئے
مگر یہاں کدورتوں کی برف ہے جمی ہوئی فاضلی چمیلی

ایک دن ان کی اس محبت کا راز کھل جاتا ہے موگری کے قبیلے والوں کو پتہ چلتا ہے کہ موگری دشمن دیس کے ایک سپاہی کو دل دے بیٹھی ہے دشمن دیس کے سپاہی سے پیار کرنا قبیلے والوں کے لئے رسوائیوں کا سامان کر دینے کے مترادف۔ قبیلے میں اس کی سزا موت تھی لیکن ایک تجویز کے تحت ڈانٹ ڈھپٹ اور دباو سے موگری گڈیالی پل کے بارے میں جو کاشر اور اس کے سپاہیوں کی عملداری میں تھا اس کی مخبری کر دیتی ہے اس طرح موگری کے وطن سے تعلق رکھنے والے لوگوں نے ڈائنامائٹ سے گڈیالی پل کو اڑا دیا ۔کاشر اور اس کے سپاہی بے حال و پریشان ہو گئے کہ یہ کیوں کر ہوا ۔جس چیز کی حفاظت کے لئے انہوں نے زندگی وقف کر دی تھی وہ آن ہی آن میں ریزہ ریزہ ہو کر بکھر گیا۔ لیکن کاشر ایک زیرک و ذہین کردار۔ وہ سمجھ گیا تھا کہ اس کے پیچھے موگری کا ہاتھ ہے اسے شدید جھٹکا لگا۔ اس دلسوز واقعے سے اسے ایسا صدمہ پہنچا کہ ایک طرف اس کی اپنی زندگی تباہ و برباد ہو گئی تو دوسری طرف اس کے اپنے ملک پر تباہی کے بادل منڈلا رہے تھے۔ بہر حال اس نے اپنے ٹوٹے ہوئے جسم پر قابو پا کر ایک ترکیب سوچی اور رائفل لیکر گڈیالی کی ندی میں کود پڑتا ہے ۔ندی پار کر کے کاشر گڈیالی کے جنگل میں بھوکا پیاسا گھومتا رہا۔ ان جگھوں پر گیا جہاں دونوں نے ایک ساتھ وقت گزارا تھا لیکن صرف مایوسی ہی ہاتھ لگی ۔وہ برفیلی پہاڑ کی چوٹی کے دوسری طرف اتر گیا جہاں موگری کا گاؤں تھا

۔گاؤں میں بھیس بدل کر پورے علاقے کی چھان بین کر کے اس کے گھر تک پہنچتا ہے۔موگری سو رہی تھی تو کاشی نے موقع غنیمت جانا اور اپنے ملک کی وفاداری کے تئیں وطن کو اولیت کا درجہ دیا ۔موگری کے لئے اس کے دل میں نفرت کے علاوہ اور کچھ نہ تھا ۔ملک کے لئے قربانی کا جذبہ اس کے دل میں بسا ہوا تھا۔اس کے دل میں فرض اور فوجی ذمہ داریوں کا احساس اس قدر تھا کہ اپنی محبوبہ کی پرواہ کئے بغیر اس نے موگری کے سینے میں خنجر اتار دیا ۔موگری کی زندگی کا خاتمہ کرنے کے ساتھ ساتھ انہوں نے اپنے محبت کا عمر بھر کیلئے خاتمہ کر دیا۔کاشر کو یہ نہیں معلوم تھا کہ جس لڑکی پہ میں اپنا دل دے بیٹھوں وہی میرے لئے بربادی کا سامان بنے گی اور اس کی موت میرے ہی ہاتھوں لکھی ہوگی۔

دن نکلتے ہی جب موگری کے بھائیوں نے موگری کی لاش دیکھی اور ساتھ ہی ساتھ کاشر کی رائفل دیوار پر لٹکی پائی جسے کاشی جلدی کی وجہ سے بھول گیا تھا اس رائفل کو انہوں نے پہچان لیا اور اس کا تعاقب کرنے لگے۔کاشر پہاڑوں کی چوٹیوں کو تیزی سے سر کرتے بھاگ رہا تھا۔موگری کے بھائیوں اور کاشر کے بیچ چار گھنٹے کا فاصلہ تھا۔جسمانی تھکاوٹ نے کاشر کو نڈھال کر دیا اور وہ بے ہوش ہو جاتا ہے جب وہ ہوش میں آیا تو چند لمحوں تک اسے یہ احساس رہا کہ وہ مر چکا ہے اور کسی گہری قبر میں دفن ہے اس کے چاروں طرف مٹی، کنکر، روڑے اور چھوٹی چھوٹی چٹانیں پڑی تھیں ۔پھر اس نے آنکھیں کھولنے کی کوشش کی اور یہ منظر دیکھ کے حیرت میں پڑھ جاتا ہے کہ ایک طرف موگری کے بھائی اس کے قریب پہنچنے کو ہے وہی دوسری طرف اس کا داہنا پیر بھی بے کار ہو چکا ہے ۔مگر کاشر تمام تکلیفوں کے باوجود پہاڑ کی اونچی چوٹیوں کو سر کرنے کی تاک میں ہر مشکل کو آسانی سے زیر کر کے گڈیالی کے پل کے قریب دوڑتا رہا۔کاشر کی نظریں ایک طرف ٹوٹے ہوئے پل کی جانب دوسری طرف اس کی نظریں گڈیالی کے بھائیوں کی جانب جن کو اس کے پاس پہنچنے کے لئے صرف آدھے گھنٹہ کا وقت درکار تھا۔پہاڑ کی چوٹی پر پہنچ کر اسے محسوس ہوا کہ جیسے اس کے سفر کی آخری منزل آگئی اب جس جگہ پر وہ ہے وہاں سے وہ ایک انچ ادھر اُدھر حرکت نہیں کر سکتا۔اس کا جسم اسے جواب دینے لگا۔اس نے سر کی ایک ہلکی جنبش سے ٹوٹے ہوئے پل کے کنارے تعینات اپنے وطن کے سپاہیوں کو سلام کیا۔اور پھر اپنی نگاہیں پہاڑ کی دوسری طرف کر لیتا ہے جہاں سے موگری کے بھائی ان کا پیچھا کر رہے تھے۔چند لمحوں کے لئے وہ اپنے بچپن میں کھو گیا۔چند لمحوں کے لئے وہ بہت دور لوٹ گیا جو اس کی ابتدا تھی۔پھر ابتدا سے اپنی زندگی کا حساب لینا شروع کیا اور یکایک اسے محسوس ہوا کہ اب تک کی جو اس نے زندگی گزاری ہے وہ دوسروں کے لئے تھی۔جب اس نے ساری زندگی جس میں موگری کی محبت سے لیکر اس کی بے وفائی تک' وطن کی مٹی سے محبت اور پھر وطن کی خاطر انتقام لینے تک کا محاسبہ کیا تو اسے محسوس ہوا کہ اب اس کے پاس صرف آدھے گھنٹا ہے۔جو مکمل طور پر اس کا تھا۔زندگی اور موت کے بیچ میں صرف آدھا گھنٹہ کا فاصلہ تھا۔ایک پہاڑی ادھر اور ایک پہاڑی اُدھر اور کاشر ان دو پہاڑیوں کے درمیاں۔کاشر اس آدھے گھنٹے کا خدا ہے مگر آدھے گھنٹے کا خدا ہو کے بھی یہ نہیں جانتا کہ جیت کس کی ہوگی۔زندگی کی جیت ہوگی یا موت کی۔یہ سوچتے ہی وہ بہت خوش ہو جاتا ہے اور اطمنان کے ساتھ اپنے جسم کو ڈھیلا چھوڑ دیتا ہے اور آنکھیں بند کر کے موگری کے بھائیوں کا انتظار کرنے لگا۔

کرشن چندر نے تقسیم ملک کا عظیم حادثہ دیکھا ہے ۔جس نے ملکی نظام کا ہر کوئی شعبہ متاثر کیا۔ادب بھی اس سے متاثر ہوئے نہ رہ سکا۔ملک کے بٹوارے کے نتیجے میں افسانوی ادب میں نئے موضوعات شامل ہوگئے۔جن میں سب سے اہم فسادات

'نقل مکانی'، ماضی کی بازیافت اور ان کے علاوہ دیگر موضوعات بھی شامل ہوئے۔

افسانہ ''آدھے گھنٹے کا خدا'' میں کرشن چندر نے اپنے عہد اور کشمیر کے حالات کو بیان کرنے کی کوشش کی ہے رومانوی طرز پر لکھا گیا یہ افسانہ حقیقت پسندانہ نظر آتا ہے۔ افسانے میں جذباتیت وطنیت قومیت کا درس ملتا ہے۔ علاوہ ازیں یہ کہ افسانے میں سوچ و فکر کی گہرائی بھی پائی جاتی ہے۔

کاشر اور موگری کہانی کے بنیادی کردار ہیں جو ایک دوسرے سے بے حد محبت کرتے ہیں لیکن ان کے محبت کو کوئی تسلیم ہی نہیں کرتا ہے اور آخر کار ان کی محبت وطن کی سازشوں سے نیلام و بدنام ہو جاتی ہے موگری بے وفا نہیں ہے بلکہ حالات نے اسے بے وفا بنا دیا تھا۔

☆☆

احمد رشید (علیگ)

وہ ایک کہانی: ایک مطالعہ

مرکزی ساہتیہ اکادمی یووا پرسکار ایوارڈ یافتہ ڈاکٹر غضنفر اقبال کی تحریر کردہ کتاب ''وہ ایک کہانی'' بذریعہ ڈاک موصول ہوئی۔ پراسرار عنوان وہ ایک کہانی کے گمان میں کتاب پر طائرانہ نظر ڈالی۔ آخری پنجم باب عنوان ''پردہ در پردہ'' میں سات افسانے بمعہ تجزیاتی مطالعہ ہیں۔ تین سو بیس صفحات پر مشتمل تصنیف کے دیگر عنوانات میں باب اول ''لکیر در لکیر'' میں چودہ مضامین ہیں۔ ابتدائیہ ''اک فسانہ بن گئی روشنی'' میں وجہ ترتیب ڈاکٹر موصوف یوں فرماتے ہیں:

''ان تحریروں میں شعبۂ فکشن کے نمایاں جہات پیش منظر میں آئینہ کرنے کی حتی المقدور سعی کی ہے۔''

ان کا خیال ہے کہ افسانہ کا فن آزادنہ طور سے تیز رفتاری سے اپنے سفر کی جانب گامزن ہے۔ اس نے اپنی رنگارنگی سے عوام وخواص کو خیرہ کیا ہے مگر فکشن کی پرواز فکر میں ناپائیداری ہوتی ہوئی محسوس ہوتی ہے۔ اسی لیے وہی فنکار اپنی شناخت برقرار رکھ پائیں گے جن کے فن میں زندگی اور تخلیقی توانائیاں ہوں گی۔ اس میں کوئی شبہ بھی نہیں کہ صنف افسانہ فکر کی بلندی، فن میں زندگی اور تخلیقیت ہونے کا تقاضہ کرتی ہے۔

مضمون ''علی گڑھ تحریک اور افسانوی ادب'' میں سرسید تحریک کے بعد افسانہ کس طرح ارتقائی مدارج طے کرتا ہے۔ سرسید کا افسانہ ''گزرا ہوا زمانہ'' اوران کے رفیق مولوی نذیر نے شعوری طور پر اصلاحی ناول لکھے۔ سجاد حیدر یلدرم ''خیالستان'' ان کے افسانوں کا مجموعہ میں ''مجھے میرے دوستوں سے بچاؤ'' ایک مقبول افسانہ ہے۔ اس طرح اس تحریک نے اصلاحی فکشن کو فروغ دے کر اردو فکشن کی عمارت استوار کی۔ ''جدید افسانے کی کہانی'' انکا بہت اہم مضمون ہے جس میں موصوف نے افسانہ کے فن کے تعلق سے اہم نکات کی طرف اشارے کیے ہیں، فرماتے ہیں:

''افسانہ، انسان اور معاشرہ، ارضیت اور تخیل کا ایسا اظہار ہے جو تخلیقی ہونے کے باوجود بھی حقیقی لگتا ہے.....یعنی افسانے میں شاعری کے مقابلے میں تخلیقی بیانیہ جو اپنے اندر تہہ دار ہوتا ہے۔''

نفس الامر یہ ہے کہ انسان، اس کی معاشرت اور تہذیبی نظام افسانہ کا مرکزی نقطہ ہے۔ اس کی جڑیں مقامیت اور ارضیت میں پیوست ہوتی ہیں۔ یہ ایسی تخلیقی نثری صنف ہے جو تخیل اور حقیقت کی آمیزش سے وجود میں آتی ہے جہاں حقیقت اور تخیل کا فرق مٹ کر ایک متوازی کائنات تخلیق ہوتی ہے۔ اس کے تخلیقی بیانیہ میں تہہ داری ہوتی ہے جو یک موضوعی کے ہونے سے انکار کرتے ہوئے افسانہ کو ترفع بناتی ہے۔ یہ تہداری افسانے میں استعمال ہوئی، زبان میں مستتر ہوتی ہے۔ زبان کی اہمیت کو انہوں نے اپنے ایک مضمون ''افسانے میں مضمر زبان کی ترقی'' میں کیا ہے جس کو مختلف افسانوں کے حوالوں سے عملی طور سے ثابت کرنے کی سعی ملتی ہے۔ مقامی تہذیب، وہاں کی بول چال اور طرز زندگی کو زبان کے ذریعہ ہی کیا جاتا ہے۔ تخلیق میں بیانیہ کی اہمیت پر زور دیتے ہوئے موصوف کا خیال ہے کہ عجلت پسندی اور حصول شہرت کی جلد بازی میں زبان وبیان پر توجہ دینے اور محنت کرنے کا جذبہ کمزور ہوگیا ہے۔ اس لیے یہ مشورہ قابل قبول ہے کہ صنف افسانہ میں

تخلیقی امکانات کی کارفرمائی کرنا، افسانہ نگاری تقاضہ کرتی ہے۔ جدید افسانہ میں جس طرح زبان و بیان اور ڈکشن میں یکسانیت پیدا ہوگئی تھی۔ وہی صورت حال سادہ بیانی اور عوامی زبان کی ہوڑ میں پیدا ہوگئی ہے جس کی وجہ سے افسانہ تخلیقیت سے محروم ہو کر صرف کہانی ہو کر رہ گیا ہے۔ مضمون ''نئے افسانے کی تشکیلی شناخت'' میں موصوف نے اطمینان ظاہر کیا ہے:

''ہم عصر افسانہ گویا تفہیم زندگی کا کردار خوش اسلوبی سے انجام دے رہا ہے''

ترقی پسندی کے بعد جدیدیت اور اب مابعد جدیدیت کا افسانہ عصری آگہی، زمینی حقائق، تاریخ، تہذیب، ثقافت اور مقامیت کی بات کرتا ہے۔ پروفیسر گوپی چند نارنگ کے بحوالہ ''مابعد جدیدیت کسی ایک وجدانی نظریے کا نام نہیں بلکہ مابعد جدیدیت کی اصطلاح احاطہ کرتی ہے'' کی روشنی میں کہتے ہیں کہ جدیدیت کے بعد مابعد جدیدیت نے اپنے قدم جما لیے ہیں کیونکہ مابعد جدید افسانہ قاری سے راست مکالمہ قائم کرتا ہے۔ جدید دور میں جو رشتہ قاری اور تخلیق کار کے درمیان کمزور ہوگیا تھا وہ نہ صرف بحال ہوا ہے بلکہ روز درروز توانا ہو رہا ہے۔ اپنے مضمون ''نئے اردو افسانہ کا اظہاریہ'' میں اس بات کا اظہار کیا ہے کہ افسانہ ہماری زندگی کا جز ہونے کے ناطے عصری زندگی کی متحرک تصویریں اپنے اندر سمیٹنے کا متحمل ہے۔ مذکورہ مضمون میں اردو کے معتبر افسانہ نگاروں کے افسانوں کی عملی تنقید سے اپنی بات کا استدلال کیا ہے لیکن انہیں اس امر کا شدت سے احساس بھی ہے کہ اکیسویں صدی کا اردو افسانہ مبہم، مہمل یا نا قابل فہم ہونے سے آزاد ضرور ہوا لیکن تخلیقی زبان و بیان سے مبرا ہوگیا ہے۔ ڈاکٹر غضنفر افسانہ میں تخلیقیت اور زبان و بیان کے حد درجہ قائل نظر آتے ہیں ان کے اس خیال سے اختلاف ممکن نہیں، فرماتے ہیں:

''میرا احساس ہے کہ زبان برائے ادب کو رواج دینے کا وقت آگیا ہے۔''

مضمون ''عصری افسانہ: سماجی اور تہذیبی منظرنامہ'' میں فرماتے ہیں: بدلتی ہوئی تہذیب موجودہ افسانے میں مختلف اور متضاد روپ میں جلوہ گر ہے۔ تہذیب کا راست تعلق معاشرے سے ہوتا ہے اس کے علاوہ شہری، دیہی زندگی اور عورتوں کے مسائل بھی تہذیبی دائرے میں آتے ہیں۔ اس سلسلہ میں پروفیسر گوپی چند نارنگ لکھتے ہیں:

''ادب اپنے تہذیبی سرچشموں سے پیدا ہوتا ہے یعنی ادب تہذیب کا چہرہ ہے، گویا ادب ذات کا نہیں ثقافتی تشکیلات کا اظہار ہے۔''

کتاب میں مضمون ''اردو فکشن: اخلاقی اقدار کی روشنی میں'' شامل ہے۔ زندگی کی ہر شعبہ میں اخلاقیات کی اہمیت ہے، بھلے ہی صارفیت کے اس دور میں اخلاقی قدریں ٹوٹ گئی ہیں مگر اخلاق کی ضرورت اور افادیت سے کوئی فرد اور معاشرہ انکاری ہونے کی جرأت نہیں کرسکتا۔ یہی وجہ ہے اردو ادبیات اور شاعری کا دامن اخلاقی تعلیم سے بھرا ہوا ہے۔ سرسید تحریک کا بنیادی مقصد قوم کی اصلاح ہی تھا۔ اردو زبان و ادب کی تاریخ بزرگان دین کی اخلاقی تعلیمات سے مزین ہے۔ فکشن نے بھی قصے کہانیوں اور مکالموں کی شکل میں اخلاقی تعلیم دی ہے۔ مولوی نذیر احمد، مرزا ہادی رسوا، راشد الخیری، عبدالحلیم شرر سے پریم چند کے عہد تک فکشن کے مختلف موضوعات میں اخلاقیات کو فوقیت حاصل رہی ہے۔ موصوف نے اکیسویں صدی کے ان فکشن نگاروں کا بھی تذکرہ کیا ہے۔ جنہوں نے خالص تہذیبی اقدار اور اخلاقی سرمایہ کو اپنی ادبی تخلیقات کا موضوع بنایا۔

اردو ادبیات میں قومی یکجہتی کو فوق حاصل ہے۔ نثری

/شعری اصناف میں اس موضوع کو شعراء اور ادباء نے نہایت سنجیدگی سے اپنایا ہے۔ ہندوستان کی دیگر زبانوں میں مذکورہ موضوع اس طرح نہیں ملے گا، جتنی کثرت سے اردو میں موجود ہے شاید اس کی وجہ یہ رہی ہو اردو زبان اور اردو بولنے والے زیادہ ہی تعصب کا شکار رہے ہیں۔ اسی لیے فنکاروں نے حب الوطنی اور قومی یکجہتی کے موضوعات اپنی تخلیقات میں کثرت سے برتنے کی سعی کی ہے۔ ہمارے ملک میں مختلف قومیں صدیوں سے ایک ساتھ رہتی ہیں۔ ان کے مذاہب، بودو باش، زبانیں، تہذیب و معاشرت الگ الگ ہیں۔ اختلافِ رنگ و بو ہونے کے باوجود امن و اتحاد اور یکجہتی سے رہنا ان کی مجبوری اور تقاضۂ تہذیب بھی ہے۔

قومی یکجہتی کو فروغ دینے میں ادیبوں اور شاعروں کے علاوہ صوفیوں اور سنتوں نے بھی اہم کردار ادا کیا ہے۔ اردو افسانہ نگاروں کا بھی یہ موضوع مرغوب رہا ہے۔ ڈاکٹر غضنفر اقبال نے پریم چند اور علی عباس حسینی سے اکیسویں صدی کے کچھ اہم افسانوں کا اپنے مضمون ''اردو افسانوں میں قومی یکجہتی کے عناصر'' میں ذکر کیا ہے۔

''افسانچہ سماجیاتی بیانیہ ہے جو راست زندگی سے ڈسکورس کرتا ہے'' اپنے مضمون ''افسانچے کے ہفت رنگ'' میں کہا ہے۔ عدیم الفرصتی کے موجودہ دور میں افسانچہ نگاری کو فروغ حاصل ہوا اور اس نے باضابطہ صنف کی حیثیت سے اپنی صورت اختیار کر لی۔ محققین کے نزدیک اس کی شروعات عبدالحلیم شرر سے ہوتی ہے۔ انھوں نے ''شہ پاروں'' کے عنوان سے یہ سلسلہ شروع کیا۔ بقول فضیل جعفری مرحوم ل احمد اکبرآبادی نے ادب لطیف کے عنوان سے تحریر کیے۔ منٹو نے افسانچے لکھے، صحیح معنوں میں جوگندر پال نے افسانچہ نگاری کو رفتار دی۔ مخالفت اور موافقت کے درمیان صارفیت کے اس دور میں اس نے دھوم مچا رکھی ہے۔ افسانچہ آج ''پوپ کہانی''، ''راک کہانی''، ''ایک سطری کہانی''، ''مائکرو فکشن'' اور مائکروف کے نام سے موسوم کیا جاتا ہے۔ مذکورہ مضمون میں مختلف رنگ رکھنے والے سات فنکاروں کے افسانچوں کے حوالوں سے ان کے فن پر روشنی ڈالی ہے۔ ہفت رنگ افسانچہ نگاروں میں منظور وقار، ڈاکٹر ایم اے حق، رؤف خوشتر، اعجاز مصور، رؤف صادق، ڈاکٹر وحید انجم اور ڈاکٹر نخشب مسعود ہیں۔ بقول موصوف جنہوں نے صنف افسانچہ میں رنگ بھرے ہیں اور اس کو رنگ دار بنا دیا ہے۔

ایک مضمون ''گلبرگہ میں اردو افسانچہ'' کو تحریری صورت دینے کی ضرورت پیش آنے کا جواز یہ ہے کہ ''اس وقت گلبرگہ میں افسانچے کی آبیاری بڑے ہی چاؤ سے کی جا رہی ہے..... گلبرگہ میں معتبر اور موقر افسانچہ نگاروں کی کمی نہیں ہے۔'' -- گلبرگہ میں افسانچہ کی روایت حمید سہروردی اور ڈاکٹر جلیل تنویر سے شروع ہوتی ہے۔ اس سلسلہ کو آگے بڑھانے میں کئی نام ابھر کر آئے۔ ان میں صابر فخرالدین، سراج وجیہہ تیر انداز، ڈاکٹر کوثر پروین مسعود علی تماپوری، خرم عماد سہروردی اور خلیل جبران وغیرہ کے افسانچوں کے حوالوں سے تفصیلی جائزہ لیا گیا ہے۔

کتاب میں ایک مضمون ''بچوں کی کہانیاں'' کے عنوان سے شامل ہے۔ ادب اطفال پر تنقید نگار بہت کم توجہ دیتے ہیں۔ لیکن ڈاکٹر صاحب نے بچوں کی کہانیوں پر بھی خامہ فرسائی کی ہے۔ کیونکہ نونہالان وطن سرمایۂ قوم وملت ہیں انہیں کے ہاتھوں میں ملک وقوم کا مستقبل ہے۔ وطن اور قوم وملت کی تعمیر وتشکیل کی طرف بھرپور توجہ زبان اردو کے ادیبوں اور شاعروں نے بھی دی ہے۔ کہانی کاروں نے بھی بچوں کے اندر اخلاقی اقدار ابھارنے کے لیے اصلاحی کہانیاں لکھی ہیں۔ بقول مصنف ''ادب اطفال کے کہانی کار نے مہذب اور پاکیزہ

معاشرے کی اعلیٰ اقدار کو بچے کی فطرت میں ڈھالنے اور اجالنے کے لیے کہانیوں میں عمدہ لوازمہ ترتیب وتنظیم کیا ہے'' مذکورہ مضمون میں سلام بن رزاق، مرحوم مشتاق مومن، حمید سہروردی، احمد عثمانی، نورالحسنین، وکیل نجیب، حلیمہ فردوس، ایم مبین، رؤف صادق، خرم عماد وغیرہ کی کہانیاں زیر بحث آئی ہیں۔

پیش نظر'' ناول تنقید: ایک نا تمام مطالعہ'' میرے نزدیک اہمیت اور افادیت کا حامل مضمون ہے۔ مصنف نے ناول کے فن اور تاریخ پر لکھی گئی بیشتر کتابوں کا تجزیاتی مطالعہ کیا ہے جو نہ صرف صنف ناول کو سمجھنے کے لیے راہیں کھولتا ہے بلکہ ناول کے تعلق سے تحریر کردہ کتب کا حوالہ بھی بن جاتا ہے۔ اردو طلباء کی رہنمائی کے لیے مذکورہ مضمون اپنا افادی پہلو رکھنے کی وجہ سے دلچسپی سے پڑھا جائے گا حالانکہ ناول کے فن پر نہ ہی اس کے ہیئتی نظام پر سیر حاصل گفتگو ہے لیکن ناول تنقید نے کب اور کن مقامات کی سیر کی ہے، اس کا مختصر مگر جامع جائزہ لیا گیا ہے۔

باب دو، سلسلہ درسلسلہ جو پانچ مضامین پر مشتمل ہے۔ ''اقبال فاروقی اور لاہور کا واقعہ''، پہلا مضمون ہے۔ ''لاہور کا ایک واقعہ'' محترم شمس الرحمٰن فاروقی کا تحریر کردہ افسانہ ہے۔ محترم فاروقی صاحب نے اقبال کی زندگی پر تاریخی اور تہذیبی نوعیت کا افسانہ لکھا ہے۔ بقول غضنفر اقبال ''تہذیبی وراثت کی عدم توجہی کے باعث فاروقی نے کلاسیکی شعراء پر قلم فرسائی کر کے ان کو افسانوی کردار بنا دیا۔'' مذکورہ افسانہ میں افسانہ نگار واحد متکلم ہے اور وہ اقبال لاہوری کی داستان اپنے انداز میں خواب کے حوالے سے بیان کرتا ہے۔ موصوف تجزیاتی مطالعہ میں فرماتے ہیں کہ اس قدر پر اسراریت ہے کہ ایک سرا ہاتھ آنے تک دوسرا نکل جاتا ہے'' دراصل فاروقی صاحب جدیدیت کے علمبردار ہی نہیں اردو ادب میں اس رجحان کے بنیادگزار بھی ہیں۔ جدیدیت کے زیراثر افسانوں میں زمان ومکان کی قید سے آزادی، کردارنگاری سے گریز اور پلاٹ کے نظم وضبط کی نفی ملتی ہے۔ یہ غضنفر اقبال کے افسانہ فہمی کی دلیل ہے کہ انہوں نے مرکزی کردار کے ساتھ ضمنی کرداروں کی شناخت کرنے کی سعی کی اور تہذیبی حقیقتوں کی پیش کش کو تلاش کر لیا۔ تبھی یہ رائے قائم کرنے میں کامیاب ہوئے۔ ''یہ افسانہ انھیں تاریخی اور سوانحی افسانہ نگاروں میں ممتاز مقام عطا کرتا ہے۔ کیونکہ ''لاہور کا ایک واقعہ'' ایک نادر تحریر ہے۔ جس کا امتیاز اور انفرادا اپنی سی حیثیت رکھتا ہے''۔ خود محترم شمس الرحمٰن فاروقی نے بھی اپنے ایک خط کے ذریعہ ڈاکٹر غضنفر اقبال کی افسانہ فہمی کی صلاحیت کا ان الفاظ میں اعتراف کیا ہے اس طرح میری بات کی تصدیق بھی ہوتی ہے۔ ''میں تمہارا شکرگزار ہوں کہ تم نے میرے ایک ذرا مشکل سے افسانے پر مضمون لکھا اور اچھی باتیں نکالیں۔''

دوسرا مضمون'' مجتبیٰ حسین کے خاکوں میں افسانہ طرازی'' ہے۔ ڈاکٹر غضنفر اقبال کو مجتبیٰ حسین کے خاکوں میں افسانوی رنگ بین السطور میں نظر آتا ہے۔ اس دعویٰ کو ثابت کرنے کے لیے مجتبیٰ حسین کے تحریر کردہ خاکوں سے افسانہ طرازی کی روشنی تلاش کی ہے۔ مذکورہ مضمون کی خوبی یہ ہے کہ موصوف نے مجتبیٰ حسین کے خاکوں میں افسانہ طرازی کی جھلک کے لیے فکشن رائٹر پر لکھے گئے خاکوں کو انتخاب کیا۔ راجندر سنگھ بیدی، کرشن چندر، جوگیندر پال، اقبال متین، قدیر زماں، ابراہیم جلیس اور سجاد ظہیر جن کی اردو افسانوی ادب میں اپنی ایک حیثیت اور مقام ہے۔ اس مضمون کو لکھنے کی وجہ بتاتے ہوئے فرماتے ہیں۔ ''خاکہ نگاری، افسانہ اور کہانی سے قریب ہوتی ہے کیونکہ کردار، واقعات، منظرکشی اور وحدت تاثر افسانہ یا

کہانی میں مرکزیت کی حیثیت رکھتے ہیں'' پرلطف بات یہ ہے کہ ڈاکٹرغضنفر اقبال نے ہوا میں بات نہیں کی ہے بلکہ ان خاکوں سے اخذ اقتباسات کے ذریعہ استدلال کیا ہے۔

''مہدی جعفر کی نئی افسانوی تقلیب'' فکشن مطالعہ کے ضمن میں خیال انگیز اور پرمغز تصنیف ہے۔ صرف فکشن تنقید کے حوالے سے ان کی دیگر کتابیں بھی ملتی ہیں۔ جو فکشن تنقید میں قابل قدر اضافے کی حیثیت رکھتی ہیں۔ جس کی نظیر مشکل سے ملے گی۔ اسی لیے ڈاکٹرغضنفر اقبال کا شکوہ حقیقت پر مبنی ہے:

''دیکھا جائے تو انھوں نے فکشن تنقید میں گونج پیدا کی مگر ان کی گونج پر کسی نے سنجیدگی سے دھیان نہیں دیا۔''

''نئی افسانوی تقلیب'' کو مہدی جعفر نے تین حصوں میں تقسیم کیا ہے۔ پہلا حصہ ''نئے افسانے کی ماہیت'' کو تیرہ (۱۳) بصیرت افروز اور فکر انگیز موضوعات پر قائم کیا ہے جو افسانے کا طریق کار اور تخلیقی رو، نئے افسانے میں شکستہ ذات، وجدان کی کارفرمائی، وقت اور افسانہ اور معاصر فنکار کا رویہ وغیرہ کو سمجھنے میں مدد کرتا ہے۔ دوسرے حصے میں انتیس (۲۹) افسانہ نگاروں کے افسانوی فکر وفن پر مہدی جعفر نے مباحثہ قائم کر کے فنکاروں کے تخلیقی، فنی اور فکری رویوں کو سمجھنے میں آسانی مہیا ہوتی ہے۔ تیسرا حصہ افسانوی تقلیب، افسانہ کا طرز بیان اور فکشن کے اسرار و رموز کھولتا ہے۔

مہدی جعفر وسیع المطالعہ، وسیع النظر، باشعور اور زیرک نقاد ہیں۔ اسی لیے انتقاد فکشن میں ان کی فکری نظر کو اعتبار حاصل ہے۔ اسی لیے ڈاکٹرغضنفر اقبال نے مہدی جعفر کی کتاب نئی افسانوی تقلیب کے تجزیاتی مطالعہ میں فکشن شناسی اور افسانہ فہمی کے لیے شاہ کلید کہا ہے جس سے اختلاف ممکن نہیں۔

ایک مضمون، ''نقدِ افسانہ کا روشن استعارہ: سکندر احمد'' عنوان سے ظاہر ہے کہ سکندر احمد اردو ادبیات کے آسمان پر روشن ستارہ کی مانند چمک رہے تھے کہ اچانک وہ ستارہ ٹوٹ گیا اور عالم اردو ادب ماتم کے اندھیرے میں ڈوب گیا۔ اسی لیے عہد ساز ناقد محترم شمس الرحمٰن فاروقی بھی کہہ اٹھے:

''سکندر کا داغ میرے دل میں ہمیشہ روشن رہے گا، ہم بوڑھوں کے لیے جوانوں کی موت وہ قیمت ہے جو ہم طول عمری کے لیے ادا کرتے ہیں''

''مضامین سکندر احمد'' کے عنوان سے مرحوم کی اہلیہ محترمہ غزالہ سکندر نے بارہ مضامین کا انتخاب کتابی صورت میں شائع کر کے حق زوجیت ادا کیا۔ ان کا تجزیاتی مطالعہ پیش کر کے غضنفر اقبال نے خراج عقیدت کا اخلاقی فریضہ ادا کیا۔ اپنے مضمون میں ڈاکٹر صاحب نے سکندر احمد کے تنقیدی وژن ہی نہیں ان کی شخصیت کے مختلف پہلوؤں، طور طریقے، اور مزاجی کیفیتوں کا اجمالی ذکر بھی کیا ہے۔ سکندر احمد کی نگاہِ بصیرت، افسانہ اور عروض و قواعد کے سلسلے میں ان کے وژن اور ان کا نظری اور عملی نظریہ تنقید کو سمجھنے کے لیے یہ مضمون بے حد مفید اور قابل قدر ہے، موصوف فرماتے ہیں:

> ''افسانے کے قواعد سکندر احمد مرحوم کی تیکھی نثر کی ایک بوطیقا ہے جس میں حسن بیان ہے۔ وسعت نظری ہے اور تخلیقی ارتفاع ہے۔ تنقیدی زبان ان کی خود اختراع کی ہوئی ہے۔''

سکندر احمد نے افسانے کی قواعد کو بصیرت و آگہی سے متعارف ہی نہیں کرایا بلکہ دلائل اور شواہد کی روشنی میں افسانے کے اسرار و رموز اور مبادیات سے نظریاتی مباحث قائم کیے۔

''رؤف صادق کی فکشن شناسی'' کے تعلق سے ڈاکٹر غضنفر اقبال نے ایک اہم نکتہ کی طرف اشارہ کیا ہے کہ ان کا پسندیدہ موضوع جدید ادب رہا ہے۔ ان کی کتاب 'نقش معنی' میں زیادہ تر مضامین، جدید ادب، جدید افسانہ، جدید شاعری اور جدید پینٹنگ

پر ملیں گے۔ جدید افسانہ کے تئیں انکا شعور نہایت بالیدہ ہے اسی لیے جدید افسانہ کی تفہیم اور تعبیر صادق نے فکشن تحریروں میں ایک مصور کی طرح رنگ آمیزی کی ہے۔ اسی لے ان کی فکشن تنقید کا ایک جدا گانہ نہ اسلوب بن گیا ہے۔ ڈاکٹر غضنفر اقبال نے مذکورہ مضمون میں صحیح فرمایا ہے:

> ''ان کے فکشن پر تحریریں دراصل مصور نامہ ہے۔ جس میں انہوں نے اپنے ذوق جمیل سے نثر نگاری کو رنگ دار بنایا ہے۔ رؤف صادق کی فکشن تحریرات میں ارتکاز ہے جس سے وہ قاری کو مرتکز کرنے کا ارتعاش رکھتے ہیں۔''

باب سوم ''پیچ در پیچ'' میں شامل مضامین کی تعداد گیارہ ہے جس کا پہلا مضمون ''منٹو کے فکشن میں قومی ہم آہنگی'' میں منٹو کے افسانوں میں قومی یکجہتی، قومی وحدت، حب الوطنی اور امن سلامتی تلاش کرنے کی کامیاب سعی ہے۔ موصوف نے افسانہ ٹوبہ ٹیک سنگھ، گورمکھ سنگھ کی وصیت اور سہائے کے اقتباسات کے حوالوں سے متعلقہ موضوع کے لیے دلائل پیش کئے ہیں فرماتے ہیں افسانہ ٹوبہ ٹیک سنگھ کا کردار بشن سنگھ دراصل فرقہ وارانہ اتحاد کا ہیرو ہے۔ اس کے نزدیک انسانیت کے لیے Noman's Land تصور صحت مند ہے۔ افسانہ 'گورمکھ کی وصیت' کا کردار میاں عبدالحئ رٹائرڈ جج ہیں گورمکھ سنگھ وفات پا گئے ہیں اور اپنے لڑکے کو میاں کے یہاں عیدالفطر کے قریب سوئیاں دینے کی وصیت کرتے ہیں۔ منٹو کا ایک اور افسانہ 'سہائے' میں انسانی اقدار کے عظمت کا درس ملتا ہے۔

ایک مضمون 'فاروق راہب کے افسانوں کا مطالعہ' ہے۔ فاروق راہب کا 'آخری آدمی کا المیہ' بہت اہم افسانہ ہے جو جدیدیت کے دور میں ان کی شناخت بن گیا۔ غضنفر اقبال نے ان کے بارے میں صحیح رائے قائم کی ہے کہ 'فاروق راہب جدید افسانے کی زنجیر کی اہم کڑی ہے۔'

جن افسانہ نگاروں نے افسانوی اظہار کے لیے سیریز روایت جاری کی ان میں ان کا نام بھی ہے۔ فاروق راہب کے یہاں آدمی سیریز ملتی ہے جس میں انہوں نے انسان کے رویوں کو مختلف پیرایوں میں دیکھا۔ ان کے افسانے جدید دور کے انسان کے اردگرد گھومتے ہیں۔ انہوں نے خود کلامی کی تکنیک کو ایک نیا زاویہ دیا۔

''افسانے کا کہانی کار یوسف عارفی'' کا نام مابعد جدید افسانہ نگاروں کی فہرست میں شامل ہے۔ ریاست کرناٹک کی افسانوی دنیا کے اہم افسانہ نگار ہیں انکا افسانوی مجموعہ ''آج کے بعد'' کا تجزیہ کرتے ہوئے ڈاکٹر غضنفر اقبال کہتے ہیں: ''یوسف عارفی کا افسانوی فن محدود کینوس سے عبارت ہے مگر فن کار نے جس موضوعات پر لکھا وہ اہم ہے..... لیکن موضوعات میں تنوع نہیں ہے۔''

لیکن یوسف عارفی کا نام اس لیے اہمیت کا حامل ہے کہ انہوں نے انسان کے کرب، سماجی اور معاشرتی موجود منظر نامہ کو اپنے افسانوں میں پوری حساسیت کے ساتھ جگہ دی۔

اس باب کا ایک مضمون ''بات ساجد رشید کی، بیان رحمٰن عباس کا ہے۔ اس مضمون کی خوبی یہ ہے کہ جہاں رحمٰن عباس کے تحریر کردہ مونوگراف میں ساجد رشید کی شخصیت اور ادبی سفر کو مشہور زمانہ مضمون بعنوان ''طاغوتی عہد کے مقابل'' کا بڑے خلوص اور دیدہ ریزی سے جائزہ لیا گیا ہے۔ اگر رحمٰن عباس نے فکشن نگاری میں اپنی مستند شناخت بنائی ہے تو ساجد رشید بھی افسانوی کائنات میں ایک بڑا نام ہے۔ اس طرح ایک تخلیقی رائٹر نے دوسرے فنکار کو جس نظر سے دیکھا ہوگا وہ تنقید نگار کی آنکھ سے ذرا مختلف ہوگا کیونکہ کریٹیو رائٹر (Creative Writer) کا تخلیقی

درد و کرب کا احساس غالباً دوسرے تخلیقی فنکار سے مختلف نہیں ہوگا۔ تخلیقی تجزیہ دونوں کا الگ ہونا ممکن ہے زندگی کے تعلق سے۔

مونوگراف کے پہلے باب میں اس کا انکشاف ہوتا ہے کہ مرحوم خلیل الرحمٰن اعظمی جو ایک شاعر اور معتبر نقاد کے برادرِ محترم مولانا عبدالرحمٰن اصلاحی ساجد رشید کے استاد محترم تھے۔ جن کے مشورے پر ساجد رشید کو اپنی تخلیقی صلاحیت کے جوہر دکھانے ادبی کائنات میں داخل ہوئے۔ دوسرے حصے میں ساجد رشید کی اردو ہندی اور مراٹھی کا جائزہ لیا اور ان کی افسانوی شناخت پر بھرپور مباحثہ قائم کیا۔ مذکورہ باب میں ساجد رشید کے سب ہی افسانوں کا مختصر مگر جامع تجزیہ کیا ہے۔

مونوگراف میں سوانح حیات کے اہم پہلوؤں اور شخصیت کے مخصوص گوشوں کی جھلکیاں دکھانے کی روایت رہی ہے لیکن رحمٰن عباس کا مذکورہ مونوگراف کا یہ انفراد ہے کہ انہوں نے افسانوں کو اختصار کے ساتھ تجزیہ کر کے ان کی ادبی زندگی کو مرکزیت دی۔

جہاں تک غضنفر اقبال کے مضمون کا تعلق ہے انہوں نے بھی ان کے چند اہم افسانوں کے تجزیے، صحافتی زندگی اور نیا ورق کو موضوع بنا کر اپنے مختصر مضمون کو وقیع اور ورقی بنا دیا ہے۔ مضمون میں ساجد رشید کے نمائندہ افسانے ''ایک چھوٹا سا جہنم''، ''کرما''، ''سونے کے دانت''، ''راکھ'' اور ''کٹے ہوئے تار'' پر بحث کرتے ہوئے فرماتے ہیں:

> ''ساجد رشید کی افسانوی زبان میں طنز کی کاٹ لفظی پیکر تراشی اور جارحانہ انداز ملتا ہے۔ ان کے افسانوں میں استعاراتی اور تمثیلی اظہار بھی پایا جاتا ہے..... افسانہ نگار نے افسانوی زبان میں تہہ داری اور معنویت پیدا کی تھی۔''

''بیگ احساس: چشم تہذیب کی نابصیری کا افسانہ نگار'' میں غضنفر اقبال نے پروفیسر بیگ احساس کو افسانے میں دکنی تہذیب کو پیش کرنے والا اہم افسانہ نگار کہا ہے۔ دراصل اردو فکشن کے مٹتی ہوئی تہذیب کا المیہ، مشرقی اور مغربی تہذیب کا تصادم، نئی اور پرانی تہذیب کا ٹکراؤ مرغوب موضوعات رہے ہیں جس کا انہوں نے تمام تر تخلیقی اور جمالیاتی وجدان سے اظہار کیا ہے۔ حیدرآباد کی زوال آمادہ تہذیب کے آثار اور ان کے اخلاقی انحطاط کی کہانیاں جو محلات اور حویلیوں میں پل رہی تھیں واجدہ تبسم نے بھی تخلیقی حسن اور افسانہ کی فنی ضرورتوں کا لحاظ رکھتے ہوئے طنزیہ پیرائے میں پیش کیا۔ عزیز احمد کے ناولوں میں بھی تہذیبی زوال کی داستان تخلیقی وفنی جمال کے ساتھ دیکھنے کو ملتی ہے۔ لیکن پروفیسر بیگ احساس نے مٹتی ہوئی تہذیب کا المیہ اور تہذیبی زندگی کی حقیقت خیزی کو ارفع صورت میں بیان کیا ہے۔ بقول ڈاکٹر غضنفر اقبال:

> ''بیگ احساس کے افسانوں میں دکنی تہذیب، دکنی حسیت، دکنی خاک سے تہہ دار بیانیہ کی صورت تہذیبی تخلیق بن گئی ہے۔''

''کہانی کا بازی گر: نورالحسنین'' عنوان سے ظاہر ہے کہ نورالحسنین کی کہانی نویسی پر موصوف نے یہ مضمون تحریر کیا ہے۔ ''بازی گر''، تمثیلی انداز میں لکھی گئی کہانی ان کے مجموعہ ''سمٹتے دائرے'' میں شامل ہے۔ ''بازی گر'' مذہبی ڈھونگ پر مبنی افسانہ سماجی اور مذہبی انتشار کی وجہ تحریر بن گیا اس افسانہ کا پس منظر سیاسی اور معاشرتی نوعیت کا ہے۔ اسی طرح افسانہ 'مٹی' جس میں ایک ایماندار ٹریفک پولیس مین کی ذہنی کیفیت بیان کی گئی ہے۔

باقی تمام تر کہانیاں نورالحسنین کے افسانوی مجموعہ ''گڑھی میں اترتی شام''، غضنفر اقبال کے تجزیاتی مطالعہ کا موضوعِ بحث بنی ہیں۔ خصوصی طور سے ''ایک زندہ کہانی'' اپنی فکر وطرز کا

انوکھا افسانہ ایک ادیب کے ذہنی کرب، روحانی انتشار کو بیان کرتا ہے۔ جو اپنے ڈکشن اور فنی ضابطوں کی بنیاد پر نئے لکھنے والوں کو ایک پیغام دیتا ہے۔ ''شہرِ خموشاں کا نقیب'' ایک گورکن کے حالات زندگی کی سبق آموز کہانی ہے جو ہر وقت موت کو یاد رکھنے کا درس دیتی ہے۔ نورالحسنین کا افسانہ ''افق پر گرفت'' جنریشن گیپ پر لکھی ہوئی عمدہ کہانی ہے جس میں نئی اور پرانی نسل کے سوچنے کا فرق بیان ہوتا ہے۔ افسانہ ''سورج سوا نیزے پر'' کے بارے میں ڈاکٹر غضنفر اقبال فرماتے ہیں:

> ''مخصوص تقلیبی اور معکوسی تکنیک کی عمدہ مثال ہے۔ اس میں مکالموں کی فضا روشن ہے''

''گڑھی میں اترتی شام'' اقلیتی طبقہ کی ذہنی اور نفسیاتی دکھ کی داستان ہے جس میں تاریخی سطح پر تہذیبی تصادم اور مماثلت کو ابھارنے کی کوشش ملتی ہے۔ ''تقلیب'' طریقت اور روحانیت پر مبنی افسانہ ہے جیسا کہ موصوف کہتے ہیں۔ ''سرد کمرے میں آتش دان'' زبان و بیان اور ڈکشن کی بنیاد پر بہت خوبصورت کہانی ہے۔ ڈاکٹر غضنفر اقبال نے نورالحسنین کے افسانوی مزاج اور فکر وفن پر قابل تحسین مضمون لکھا ہے ان کی رائے ہے:

> ''ان کے افسانے میں زندگی کے نئے مناظر ہیں، عصری زندگی کی متحرک تصویریں ہیں اسی لیے نورالحسنین کا افسانہ آباد بستیوں کا زندہ افسانہ ہے۔''

''عارف خورشید: کیا ہے ہم نے صحت مند یہ ادب تخلیق'' غضنفر اقبال نے مضمون کی ابتدا ان کلمات سے کی ہے:

> ''انھوں نے (عارف خورشید) اپنی ادبی زندگی میں صحت مند ادب ہی تخلیق وتحریر کیا ہے۔ وہ صحیح معنوں میں عارف ادب ہیں اور اپنے لکھے سے ادب کو خورشید کی طرح منور کیا۔''

مندرجہ بالا الفاظ کی تائید خاکسار بھی کرتا ہے۔ عارف خورشید کے افسانے تہہ دار بیانیہ اور فنی تخلیقیت سے معمور ہوتے ہیں۔ انہیں زبان و بیان پر دسترس حاصل ہے جس موضوع پر لکھتے ہیں اپنے خوبصورت ڈکشن اور طرز اظہار کے جواہر لٹاتے ہوئے اسے فنی اور تخلیقی سطح پر بلندی عطا کرتے ہیں۔ عارف خورشید اپنے افسانوں میں تخلیقی فاصلہ (Creative Distance) برقرار رکھتے ہوئے اسلامی فکر اور تصوف کی لہروں کو اس طرح داخل کرتے ہیں کہ شعور کی سطح پر آہستہ روی سے کروٹیں لیتی ہوئی محسوس ہوتی ہے۔ ان کے افسانے خصوصی طور پر ''پہچان''، ''سیپ کے موتی''، داستان مرکب ہے''، اور ''قافلے والو سچ کہنا'' کے علاوہ عمومی طور سے بیشتر افسانے اسلامی فکر اور تصور کے عناصر سے مزین ہیں۔ ڈاکٹر غضنفر اقبال فرماتے ہیں:

> ''اس افسانے کا اسلوب بھی بڑا تخلیقی اور معانی سے معمور ہے۔ ''پہچان'' میں افسانہ نگار نے ازل سے ابد تک کی زندگی پیش کر دی ہے۔''

افسانہ ''ریگستان میں بارش'' میں خود کلامی (Monologue) کی تکنیک پائی جاتی ہے۔ اس افسانے میں خیالات کا ایک سلسلہ ہے۔ ''الساس'' Alsalia جس میں انہوں نے مذہبی مقامات میں ہونے والی جنسی بے راہ روی پر کاری ضرب لگائی ہے۔ افسانہ ''قافلے والو سچ کہنا'' معرفت نفس، خود شناسی اور تازگی دل کا افسانہ ہے۔ ''آکاش بیل'' میں شعور کی رو کی تکنیک کو بڑی خوبی سے برتا گیا ہے۔

ایک مضمون ''ڈاکٹر عشرت بیتاب: ''س'' کے افسانے'' کے عنوان سے ہے۔ عشرت بیتاب کے افسانوں کا مختصر ترین جائزہ اس امید سے لیا گیا ہے کہ ان کے اندر تخلیقی چنگاریاں

ہیں جو شرارے بننے کے لیے بے چین ہیں۔اس کے بارے میں ان کی مثبت رائے ہے:

''انہوں نے زندگی کی سچائیوں کو اپنے افسانوی میں ظاہر کیا ہے۔ زندگی ان کے نزدیک بے بس بھی دکھائی دیتی ہے۔عشرت بیتاب سکھ چین،سکون اور پریم کے متلاشی ہیں۔''

ڈاکٹر غضنفر اقبال کا ایک مختصر مضمون ''ارشد نیاز کا فن افسانہ'' میں فرماتے ہیں:

''ارشد نیاز کے افسانے گھر آنگن کے ہی گرد گھومتے ہیں اور مختصر ہونے کے باوجود بھی اذہان میں سیلابی کیفیت پیدا کرتے ہیں۔''

یاد رہے ارشد نیاز کے افسانوی مجموعہ کا عنوان ''گھر آنگن سیلاب'' ہے ان کے افسانوں کی تکنیک بیانیہ ہے جو بنا کردار اور بغیر کسی افسانوی کشمکش کے آزادانہ طور پر آگے بڑھتے ہیں۔

ڈیڑھ صفحہ پر مشتمل ایک مضمون ''احمد عارف کی ذہنی ترنگ'' ہے۔احمد عارف کرناٹک کے شہر بیجاپور کے افسانوی مجموعہ کا نام ''ایک کمرے کا مکان'' ہے۔ جو مل سرائے، اب بولو، تتلی، بالغ نظر، ایک بار اور، بددعا افسانوں پر مشتمل ہے۔ان کے افسانوی کا بنیادی رمز معاشرے میں پھیلے ہوئے جنسی رجحان کے مختلف پہلوؤں کو اجاگر کرنا ہے۔موصوف نے افسانہ نگار کی ذہنی ترنگ کے بارے میں خیال ظاہر کیا ہے:

''ان کے افسانوں میں رومانی اور جنسی تاثر، تحرک اور تحیر، امکانی بیداری کی علامت ہے کیونکہ افسانہ نگار نے سماجی آگہی کو اپنے افسانے کا مرکز بنایا ہے۔''

''وہ ایک کہانی'' میں شامل مضمون ''ڈاکٹر محسن کے افسانے'' میں مصنف کی افسانہ نویسی کا جائزہ لیا گیا ہے۔ اردو ادبیات میں ڈاکٹر محسن نے ایک معتبر شاعر اور تخلیقی افسانہ نگار کی حیثیت سے اپنا انفراد قائم کیا۔اپنی تخلیقی قوت اور فنی صلاحیت سے افسانوی ادب میں نئے لب ولہجہ کے ذریعے اپنا سفر طے کیا ہے جو ان کے افسانوی مجموعہ ''سناٹے بول اٹھے'' سے ظاہر ہے۔داؤد محسن کا افسانہ ''سناٹے بول اٹھے'' فساد کے موضوع پر لکھا گیا افسانہ حقیقت نگاری کا مظہر ہے۔ان کے افسانوں کی زبان نہایت سلیس اور سادہ بیانی کا نمونہ ہوتے ہیں۔ مذکورہ افسانے میں مصنف نے اپنے تجربہ کے وسیلے سے فساد کی نفسیات کو بحسن وخوبی بیان کیا ہے۔ڈاکٹر غضنفر اقبال فرماتے ہیں:

''ڈاکٹر داؤد محسن کے افسانوں کا ارتکاز یہ بھی ہے کہ زندگی سے جڑے ہوئے اور وہ نئے نئے موضوعات کی پرورش اپنی افسانوی کائنات میں کرتے ہیں۔ وہ افسانے میں کہانی بیان کرنے کا ہنر جانتے ہیں۔''

ڈاکٹر داؤد محسن نے افسانہ ''عکس در عکس'' میں بے روزگاری کے مسئلہ کو موضوع بنایا ہے۔افسانہ ''سسکتی تہذیب'' میں نیا سال کی آمد پر شراب نوشی اور عیش وعشرت منانے کی مغربی رسم کو نہ صرف موضوع بنایا بلکہ مشرق میں بدلتی ہوئی تہذیب پر بھر پور طنز بھی کیا ہے۔افسانہ ''مراجعت'' محنت کے مثلث نما تصور کو ابھارا گیا ہے۔افسانہ ''اڑواڈ'' کسانوں کی مفلوک الحالی، غربت اور بدحالی کی کہانی ہے۔داؤد محسن کی افسانہ نویسی پر ڈاکٹر غضنفر کی رائے بڑی معتبر ہے:

''ان کے افسانوں کی اٹھان روایت سے تشکیل پاتی ہے۔ وہ روایت کی

پاسداری کرتے ہوئے معاشرے میں
ہونے والی سرگرمیوں کا بیان اچھا کرتے
ہے۔''

باب چہارم ''دائرہ در دائرہ'' عنوان کے تحت چھوٹے بڑے دس مضامین پر مشتمل ہے۔ کتاب کا پہلا مضمون مشرف عالم ذوقی کے مجموعہ ''صدی کو الوداع کہتے ہوئے'' پر تعارفی گفتگو کی ہے۔ اس مجموعے میں تیرہ (۱۳) کہانیاں اور مصنف کی خودنوشت شامل ہے۔ ڈاکٹر غضنفر اقبال فرماتے ہیں:

''بلا شبہ مشرف عالم ذوقی کی کہانیاں
مابعد جدید کہانیاں ہیں اور صدی کو الودع
کہتے ہوئے نئی صدی کا منظر نامہ پیش
کرتا ہے۔''

مجموعے کی تمام کہانیاں سائنس دانوں کے مفروضے اور نظریات کے زیر اثر سائنسی موضوعات کے اردگرد گھومتی ہیں۔ فرائڈ کے مطابق جنس کو اس عالم میں مرکزیت حاصل ہے اس کا تاثر بھی ذوقی کی کہانیوں میں نظر آتا ہے کہ کسی طرح عالم انسانیت کو جنس نے اپنی لپیٹ میں لے لیا ہے۔ خودنوشت میں مصنف نے جدید دور کے حالات اور اپنی ادبی زندگی کے تجربات کو بہت ہی موثر انداز میں بیان کئے ہیں۔ بقول ڈاکٹر غضنفر اقبال:

''باپ اور بیٹا، دادا اور پوتا، بارش میں
ایک لڑکی سے بات چیت، .... ان
کہانیوں کا موضوع آج کا سماج، رشتے
بدلتی اقدار، جنسی بے راہ روی، دادا اور
پوتے کے بدلتے رویے، باپ اور بیٹے
میں پایا جانے والا خیالات کا فرق
ہے۔''

''کشتن''، مقصود اظہر کا پہلا افسانوی مجموعہ ہے جو بارہ افسانوں پر مشتمل ہے۔ سلیم شہزاد اور رؤف صادق کے تفصیلی مضامین کے علاوہ انصاری نہال احمد، مظہر سلیم، پروفیسر حمید سہروردی اور جوگندر پال کے گراں قدر تاثرات بھی شامل ہیں۔ مجموعے میں ''طائرالامکان'' گھر آنگن اور پیٹر، کشتن، ایک بوند پانی، خانہ بدوش، درمیاں کی دیوار، جہد، اجلاپن قابل ذکر افسانے ہیں۔

ڈاکٹر غضنفر اقبال نے چند افسانوں پر اپنی رائے دی ہے:

''افسانہ پیپرویٹ''میں رشتوں کا کرب اور زندگی کے
مسائل کا اظہار ہے۔ افسانہ ''نیوٹن کا تیسرا قانون''

فسادات پر لکھا ہوا علامتی افسانہ ہے جو اردو کے افسانوی ادب میں اہم اضافہ ہے۔ افسانہ سرد آگ، بھوک کا استعارہ ہے کے ذریعہ بھوکے خاندان کی کہانی لکھی ہے۔ افسانہ، سرگذشت، داستانوی انداز میں لکھا ہوا افسانہ ہے۔ اس افسانے میں وقت لامحدودیت کی خلاؤں میں پھیلا ہوا استعارہ ہے۔

پروفیسر محمد محی الدین ناز قادری کی خدمات اور کارناموں سے اردو ادب کا کون طالب علم ناواقف ہوگا وہ اکثیر الجہتی شخصیت کے مالک ہیں۔ ناز قادری کے گیارہ افسانوں پر مشتمل مجموعہ ''وہ ایک بات'' ان کے فرزند نظام الدین احمد نے شائع کر کے ان کی ادبی زندگی کے ایک نئے گوشے سے اردو دنیا کو متعارف کرایا ہے۔ یہ افسانے رومان اور عشق و محبت کی داستانوں پر مبنی ہیں جن میں مشرقی رومان پرور تہذیب کا رنگ جھلکتا ہے۔ ان میں پاکیزگی اور فرحت وانبساط ہے، روائتی حسن وعشق کے خواب آور قصے ہیں۔ افسانہ حیات وممات کا استعارہ ہے، رومان اور حسن وعشق کی داستان بھی اس کا ایک موضوع ہے۔ اہم بات یہ ہے کہ افسانہ نگار کو کہانی بیان کرنے کا ہنر آتا ہے۔ مذکورہ مضمون میں ڈاکٹر غضنفر اقبال نے افسانے ''اور زندگی مسکرانے لگی''، ''تیرگی کے غار سے'' اور ''تشنگی کا سفر'' کو اپنی گفتگو کا موضوع بنایا ہے اور یہ نتیجہ اخذ کیا ہے:

''ان کے افسانوں کا عشق مجازی، ایک استعارہ ہے۔ افسانہ نگار نے ان افسانوں میں رشتوں کی پاکیزگی کا خیال رکھا ہے، کسی بھی افسانے میں عامیانہ انداز نظر نہیں آتا۔''

''پشاور کی ۱۷ رکہانیاں'' کے عنوان سے وہ کہانیاں ہیں جو نذیر فتح پوری نے پاکستان کے شہر پشاور کے ایک ملٹری اسکول میں ہوئے دہشت گردانہ حملے کے پس منظر میں سترہ (۱۷) کہانیاں لکھی گئی ہیں۔ان کی تخلیق کردہ کہانیوں کو پڑھ کر ہی یہ احساس ہوتا ہے کہ نذیر فتح پوری کس قدر دردمند، حساس اور حقیقت پسند انسان ہیں۔اس خیال کی توثیق ڈاکٹر غضنفر اقبال کے الفاظ سے بھی ہوتی ہے:

''نذیر فتحپوری کی بیان کردہ درد بھری کہانی پڑھ کر میرے قلم کی سیاہی بھی آنسو بن جاتی ہے کیونکہ مصنف نے اس اندوہناک واقعہ کو درد اور تڑپ سے لکھا ہے......ان کہانیوں میں دم توڑتی ہوئی انسانیت کا درد محسوس ہوتا ہے۔''

''میثاق'' آفتاب صمدانی کے انیس (۱۹) افسانوں کا انتخاب ہے۔آفتاب صمدانی کا تعلق یادگیر سے ہے۔۱۹۸۰ء سے شعروادب سے وابستہ ہیں۔ادب برائے تحریک کے قائل ہیں۔ انہوں نے اپنے افسانوں کی اساس اسلامی فکر و دانش پر رکھی ہے۔ ڈاکٹر غضنفر اقبال نے ان کے افسانوں پر تبصرہ کرتے ہوئے فرمایا ہے:

''اسلام اور جدید مادی افکار ان کے افسانوں کے موضوعات ہیں۔ آفتاب صمدانی نے افسانوں میں سگمنڈ فرائڈ اور اس کے معاصرین و متاخرین کے نظریات کو افسانوں میں پیش کرتے ہوئے رد تشکیل کا جامہ پہنایا ہے...... افسانوی بیان میں جارحیت نظر آتی ہے۔تکنیک کا فقدان محسوس ہوتا ہے۔''

ڈاکٹر اقبال واجد مرحوم کا مرتب کردہ ''جہات'' میں پانچ افسانہ نگار فرحت پروین، محمود شاہد، عذرا نقوی، مجید سلیم اور ابرار مجیب کے افسانے شامل ہیں۔اردو افسانے میں ۱۹۸۰ء کے بعد ہونے والی سیاسی اور تاریخی تبدیلیوں کو جن افسانہ نگاروں نے سنجیدگی سے محسوس کیا اور موضوعاتی تبدیلی کو تکنیکی رنگا رنگی پر اپنے افسانوں کی اساس قائم کی ان میں مذکورہ افسانہ نگاروں کا ذکر آتا ہے۔

ڈاکٹر غضنفر اقبال نے فرحت پروین کے افسانے ''آزاد قیدی'' اور ''جھوٹی'' کو اپنی بحث کا موضوع بناتے ہوئے کہا ہے کہ ان کے افسانے زندگی، معاشرہ اور انسان کے اردگرد گھومتے ہیں۔زندگی کی بے ثباتی اور تلخ حقیقتوں کی نشاندہی کرنا ان کے فن کی خوبی ہے۔

جہات میں شامل ''ڈھانچہ'' شکستہ قوس، ماحول، بازیافت اور نیم کے پیڑ سے برآمد شدہ شہد نامی افسانے جدیدیت کی عکاسی کرتے ہیں۔محمود شاہد کے افسانوی مجموعہ ''ڈھانچہ'' سے ماخوذ ہیں۔ڈاکٹر غضنفر اقبال نے محمود شاہد کو منفرد اسلوب کا فنکار قرار دیتے ہوئے کہا ہے:

''ڈھانچہ''محمود شاہد کی خاص تحریر ہے۔ جو ابلاغ، افہام، ترسیل کی ایک معنویت اپنے اندر رکھتی ہے۔ ان کے افسانے اور افسانوی ادب میں تابناک اور روشن استعارہ ہیں۔''

عذرا نقوی کی افسانہ نگاری کو اقبال واجد خوشبو اور جمال کا سفر گردانتے ہیں۔ ڈاکٹر غضنفر اقبال ان کے اس خیال کی تائید کرتے ہوئے کہتے ہیں۔ ''عذرا نقوی کا کینوس پھیلا ہوا اور پرکشش ہے۔ ان کے افسانے بصیرت اور بصارت کا حسین مرقع ہیں۔''

عذرا نقوی کے بوگن ویلیا کی اوٹ سے، الٰہی یہ جلسہ کہاں ہو رہا ہے، واپسی کا سفر، دوگز زمین، معیاری اور اچھے افسانے ہیں۔ مجید سلیم نے عشق ومحبت کے قصے اپنے افسانوں میں ڈھالے ہیں۔ ''پہلا شاہ کار، تقدیر کا فیصلہ، کعبہ دل، گل رخ، پیاسا سمندر، افسانے قابل مطالعہ ہیں۔ اپنے اردگرد کے ماحول کو نئے انداز میں اپنے افسانوں میں اظہار کیا ہے۔ ڈاکٹر غضنفر اقبال کی رائے ہے ''مجید سلیم کے افسانوں کا اختتام انوکھا اور چونکا دینے والا ہے۔ جو اس اعتبار سے نئی شناخت کے افسانے ظاہر ہوتے ہیں۔''

ابرار مجیب کے ''جہات'' میں پانچ افسانے ابال، اپنی مٹی کی خوشبو، پیاس، پچھواڑے کا نامہ اور رات کا منظر نامہ شامل ہیں۔ ڈاکٹر غضنفر اقبال کی رائے ہے ''ابرار مجیب کے افسانے جدیدیت کے بعد کے افسانے جدید کی توسیع کے افسانے ہیں۔ ابرار مجیب کو افسانے کو خوبصورت انداز میں پیش کرنے کا سلیقہ آتا ہے۔''

''قرۃ العین حیدر کی افسانہ نگاری'' دراصل ڈاکٹر سہیل بیابانی کا تحقیقی مقالہ کتابی شکل میں شائع ہوا ہے۔ ڈاکٹر غضنفر اقبال نے اس پر تبصرہ کیا ہے اور فرماتے ہیں:

> ''ڈاکٹر سہیل بیابانی نے قرۃ العین حیدر کے افسانوں کا جائزہ بڑے ہی جامع انداز میں لیا ہے....ان کی تحقیقی وتنقیدی زبان سہل اور دل پذیر ہے جس سے قرۃ العین حیدر کے افسانوی فن کو سمجھنے میں آسانی ہوتی ہے۔''

''اردو میں افسانچہ کی روایت'' ڈاکٹر عظیم راہی کی کتاب ہے۔ ڈاکٹر عظیم راہی افسانچہ نگاری کی صورت حال اور اس کے مستقبل سے مطمئن ہیں اور مزید مقبولیت کے خواہاں ہیں۔ مذکورہ کتاب چھ سمتوں پر مشتمل ہے۔ انہوں نے افسانچہ کی ابتداء تعریف، مہاراشٹر میں افسانہ نگاری اور اس کی صورت حال پر روشنی ڈالی ہے۔ ڈاکٹر غضنفر اقبال نے اس کتاب پر تبصرہ میں کہا ہے:

> ''ڈاکٹر عظیم راہی کی کتاب اردو میں افسانچہ کی روایت ہی نہیں بلکہ لفظ ومعنی کا ایک جہان ہے اور اردو افسانچہ نگاری کی تنقید وتجزیہ کا ہراول دستہ ہے۔''

''افسانہ نگار اور افسانے، ڈاکٹر سید احمد قادری کی تنقیدی کتاب ہے۔ اس کتاب میں پندرہ افسانہ نگاروں نے افسانوی فکر وفن پر توجہ کی ہے۔ مصنف نے جہاں اپنے پسندیدہ فنکاروں کی توصیف وتحسین کی وہیں ان کے فکر وفن پر بھی تنقیدی نگاہ ڈالی ہے۔ اور ان کے زبان ولسان پر بھی گرفت کی ہے۔ سید احمد قادری نے ذکی انور کے فکر وفن پر اظہار خیال کرتے ہوئے اظہار تاسف کیا ہے کہ ''ہمارے ادب کے ناقدین پرانی لکیروں کو پیٹنے یا پھر کسی فائدے کی امید یا تعلقات بنانے پر یقین رکھتے ہیں۔ یہ اردو ادب کا بہت بڑا المیہ ہے۔ جسے نوجوان اور ابھرتے نقاد ہی ختم کر سکتے ہیں۔'' ایسی خدا لگتی بات ایک بے باک صحافی ہی کہہ سکتا ہے۔ نقاد کے بس کی بات نہیں پھر سید احمد قادری افسانہ کے پارکھ ہونے کے ساتھ افسانہ نگار بھی ہیں جو افسانہ نگار کے درد کو محسوس کرسکتا ہے۔

ڈاکٹر ایم۔ نسیم اعظمی اردو ادبیات میں ایک معروف نام ہے جو تعارف کا محتاج نہیں۔ ایک معتبر شاعر ہی نہیں۔ اردو دنیا میں انہوں نے تنقید نگار کی حیثیت سے بھی اپنی شناخت بھی بنائی

ہے۔آپ ایک بے باک مدیر نڈر صحافی کے علاوہ شعبہ تعلیم پر بھی کتابیں لکھ کر ماہر تعلیم وتدریس کی حیثیت سے اپنی ناموری کا اعلان کیا ہے۔

''اردو کے چند فکشن نگار'' ڈاکٹر نسیم اعظمی کی ایک اہم تصنیف ہے جو اتر پردیش کے گردونواح میں شوق سے پڑھی جاتی ہے۔ ڈاکٹر غضنفر اقبال نے اس کتاب پر بھی تبصرہ کیا ہے۔ مذکورہ کتاب بیس (۲۰) فکشن نگاروں پریم چند سے موجودہ عہد تک کے افسانہ نگاروں کے افسانوی فکروفن کا احاطہ کرتی ہے۔اس کتاب کی اہمیت یہ ہے کہ مجنوں گورکھپوری جو پردۂ خفا میں پڑے ہوئے تھے، ان کو عہد حاضر میں لانے میں ایک کامیاب رول ادا کیا ہے۔ میرا ماننا ہے اپنے عصر میں مجنوں گورکھپوری قدآور افسانہ نگار تھے بلکہ آج بھی ان کے افسانوں کی جاذبیت اور وقعت برقرار ہے۔ افسانہ کس طرح لکھا جاتا ہے فنی اور تخلیقی نطقۂ نظر سے کن کن امور کا خیال رکھنا چاہیے وہ مجنوں گورکھپوری کے افسانے پڑھ کر اندازہ لگایا جاسکتا ہے۔

دوسرا مضمون عزیز احمد کی افسانہ نگاری پر توجہ دے کر اہم کارنامہ انجام دیا ہے چونکہ عزیز احمد کی ناول نگاری پر قدرے کام ہوا ہے۔لیکن ان کی افسانہ نویسی غور وفکر کی طالب ہے۔ڈاکٹر غضنفر اقبال نے اپنے تبصرہ میں ان دونوں باتوں کی نشاندہی کی ہے۔ مبصر کا اس تصنیف کے بارے میں خیال ہے:

> ''ایم نسیم اعظمی اپنے پسند کے فکشن نگاروں پر اپنے لفظوں میں بازدید کر کے قاری کو متاثر کیا....انہوں نے افسانے کے باطن میں اتر کر افسانے کے مرکز بیان تک رسائی حاصل کرتے ہوئے افسانہ کا محور فکر کا تعین کیا ہے۔''

مصنف نے آخری باب میں سات افسانوں کے تجزیئے اپنے ڈھنگ سے کر کے اس روائتی تصور کو توڑا ہے کہ تجزیہ نگاری کے نام پر افسانوں کی تلخیص /خلاصہ اور Paraphrasing سمیت ترکیبی عناصر پر چند لفظوں میں ذکر اور پھر افسانے کے موضوع پر بات ختم ہوتی تھی۔اس باب کا عنوان ''پردہ در پردہ'' میں ازخود ایک پراسراریت مستتر ہے کہ تخلیقی افسانہ کے متن پر پڑے ہوئے پردوں کو اتار کر ایک نئی اور انوکھی کائنات کی سیر کرنا جو پیش نظر کائنات کے متوازی تخلیق ہوئی ہے چونکہ افسانہ کا فن زبان کے پردے میں چھپا ہے۔زبان اظہار کا وسیع وسیلہ ہی نہیں اس کا بنیادی کردار Self reflexive ہے وہ صرف چاروں طرف بکھری اشیاء اور فطرت کی منظرکشی ہی نہیں کرتی بلکہ خود اپنے طرز وجود اور متن کی تعمیر کے وسائل بھی نمایاں کرتی ہے۔ افسانہ ہمیں ایک ہی زندگی میں کئی زندگیوں، ان دیکھے لوگوں اور ان دیکھے زمانوں سے روبرو کراتی ہے۔

ڈاکٹر غضنفر اقبال نے بھی دنیا کا سب سے انمول رتن (پریم چند)،لہو کا رنگ ، (کیول دھیر)، شکن در شکن، (حمید سہروردی)، شجر ممنوعہ (عارف خورشید)،بن باس کے بعد، (احمد رشید)،سمندر جاگ رہا ہے (ڈاکٹر احمد صغیر)، تشنہ آرزو، (اشتیاق سعید) کے افسانوں میں جھانک کر اس کی پرتیں اتاریں اور تجزیاتی مطالعہ سے برآمد معنی و مفاہیم سے آشنا کرانے کی کامیاب سعی کی ہے۔

☆☆